Marion und Werner Küstenmacher

Energie und Kraft durch

Mandalas

Ein Ausmalbuch mit neu entdeckten Ornamenten aus sechs Jahrtausenden

Ludwig

Inhalt

Vorwort

Dieses Buch über Mandalas stellt auch selber eine Art Mandala dar. Es ist das Ergebnis einer spannenden inneren Reise, die uns durch Stapel von Kunstbänden und Ornamentensammlungen geführt hat. Eine Reise, von der man nie sagen könnte, wann sie zu Ende ist. Wie im endlosen Rund des Mandala kreisen wir, zusammen mit den Künstlern der verschiedensten Epochen und Kulturen, um eine manchmal unsichtbare, aber immer spürbare Mitte.

Viele Menschen haben wir dabei einbezogen, sie haben unsere Umsetzungen der alten Ornamente ausgemalt und Anregungen zu zahlreichen Verbesserungen gegeben. Wir sagen ihnen allen herzlichen Dank und hoffen, dass ihre Erfahrungen den Benutzerinnen und Benutzern des fertigen Buchs hilfreich sind.

Wir laden Sie ein, sich mit auf die Reise zu machen, sich einzureihen in die lange Folge der Menschen, die Mandalas erdacht und mit ihren eigenen Farben in immer neuen Variationen nachgezeichnet haben.

Marion und Werner Küstenmacher

Einführung

Was ist ein Mandala?

»Mandala« ist ein Wort aus der klassischen indischen Kultursprache Sanskrit und bedeutet einfach »Kreis«. Bei dieser Einfachheit sollte man es belassen. Das fremdartige Wort kommt aus einem fernen Land, der damit gemeinte Begriff aber findet sich in allen Religionen und Kulturen als Kreis, Rad, Kranz, Rotation, Umlauf, Reigen oder Tanz.

Kreis und Mittelpunkt

Die mathematische Definition des Kreises ist einfach: die Menge aller Punkte, die von einem Mittelpunkt den gleichen Abstand haben. Der Kreis wird

Osmanische Rosette in der Kuppel der Moschee Sultan Solimans I., Konstantinopel, Türkei (Anfang 16. Jahrhundert)

definiert durch seine Mitte, er lebt von ihr – aber diese Mitte muss gar nicht sichtbar sein, so wie ein mathematischer Punkt streng genommen auch keine Ausdehnung hat. Jede kreisrunde Form, jeder Teller, jedes Geldstück hat einen Mittelpunkt, der in den seltensten Fällen angezeichnet und direkt zu sehen ist. Und doch spüren wir ihn, können ihn uns denken und vor dem geistigen Auge sichtbar machen.

So wird der Kreis zu einem entscheidenden religiösen Symbol. Der Mittelpunkt entspricht Gott, dem Einen, dem Ursprung, dem Geheimen, dem Metaphysischen, dem Zentrum hinter aller sichtbaren Natur. Unsere Welt aber findet statt auf dem Kreis, sie ist definiert durch den Abstand vom Ursprung. Unser Leben gewinnt seine innere Form durch den Mittelpunkt, um den es sich bewegt.

Versöhnung der Extreme

Ein Kreis ist dynamisch. »Die Menge aller Punkte« lässt sich eigentlich nur in der Bewegung denken, so wie der Zirkel über das Papier fährt oder wie der Lichtstrahl eines Leuchtturms auf Land und Meer seine verlöschende Linie schreibt. Der vitale Schwung des Kreises ist zugleich nur möglich durch die stabile Beständigkeit seines Mittelpunkts. So brauchen sich beide: der Punkt und der Kreis, die Stille und der Tanz, der Inhalt und die Form, Gott und Welt, der Eine und die Vielen, der Samen und die Früchte. Der Kreis wird so zum Spiegelbild des Allumfassenden. Er ist das tiefste Symbol für das Geheimnis des Lebens, das stets zwischen den Extremen hin und her gerissen ist: auf der einen Seite die völlige Diesseitigkeit, das Sichverlieren in Materialismus und Form, und auf der anderen Seite die Flucht aus der Welt, der idealistische Weg in Versenkung und Ekstase.

Keltisches Spiralendekor, Illustration im »Book of Kells«,
Trinity College Library, Dublin, Irland (9. Jahrhundert)

Rosette in der Apsis der Kathedrale von Mailand
(15. Jahrhundert)

Der Kreis in den Religionen

Jede Religion hat versucht, Formeln zu finden für
die Versöhnung dieser Gegensätze, Bilder für die
Zusammengehörigkeit von Zentrum und Umkreis,
von Gott und Welt. Der christliche Mystiker Meister
Eckhart zeichnet gleichsam das Gleichnis des Kreises
nach, wenn er sagt: »Gott ist drinnen, wir sind
draußen.« »Bete und arbeite« heißt der Rat zur
Zentrierung der Lebensenergie in der Regel des
Ordensgründers Benedikt von Nursia.
Der Sufimeister Ibn Arabi formuliert es so: »Würde
Gott für die Dauer eines Augenzwinkerns von der
Welt getrennt werden, würde die Welt in diesem
Augenblick verschwinden. Allerdings ist das Licht,
das von seiner Erscheinung ausgeht, so gewaltig,
dass es unser Wahrnehmungsvermögen übersteigt
und wir nur seine Schöpfung erkennen können, die
ihn zugleich verhüllt.«

Das innere Ziel unseres Lebens ist es, den Mittelpunkt zu finden. Nicht dass wir ihn je erreichen und
»haben« könnten, aber die Form unseres Lebens wird
das Zentrum erahnen lassen. Wenn nicht, verliert
unser Leben seine Form. Dann fühlt man sich uneins
mit sich selbst, zerrissen, gestresst, sich selbst fremd.
Von Hermann Hesse stammt der Ausruf: »Heimat in
sich haben! Wie wäre das Leben anders! Es hätte
eine Mitte, und von der Mitte aus würden alle Kräfte
schwingen. So aber hat mein Leben keine Mitte,
sondern schwebt zuckend zwischen vielen Reihen
und Polen und Gegenpolen.«

Der geschlossene Garten

So ist jede Form von Suche nach dem Lebens-
schwerpunkt, nach dem wirklichen Ziel im Leben
eine Suche nach der eigenen Mitte. Sie ist immer in

Sumerisches Petschaft mit kreuzförmigem Motiv, Susa
(um 4000 v. Chr.)

uns da, unverlierbar und untrennbar mit dem Göttlichen verbunden, aber eben auch verhüllt, vergessen oder zeitweise verfehlt. Das Geheimnis, das ich bin, und das Geheimnis, das Gott ist, sind letztlich eins. Diesem Geheimnis näher zu kommen ist ein Urtrieb des Menschen. Es ist die Suche nach dem verlorenen Paradies, dem geschlossenen, alles bergenden Garten, in dem ich wunschlos glücklich bin, in dem alle meine Bedürfnisse gestillt sind. Ein wichtiges Merkmal jedes Mandala ist die äußere Umrandung, gleichsam die Mauer um den geschlossenen Garten.

Unser Leben leidet oft an unklaren Grenzen. Mit wie vielen Aufgaben müssen wir uns noch befassen? Eine ständig wachsende Zahl von Medien und Kommunikationsmitteln bringt uns jeden Tag in immer intensiverer Form die unlösbaren Fragen

und Nöte der ganzen Welt ins Haus. Früher durften sich Kinder auf ihre kleine kindliche Welt beschränken, heute wissen auch sie immer mehr, werden in bester Absicht mit den großen Zusammenhängen einer immer stärker vernetzten Gesellschaft konfrontiert.

Das Mandala schafft eine heilsame Beschränkung. Es ist eine abgegrenzte Fläche. Die Aufgabe, sie mit Farben zu füllen, ist überschaubar. Die Figur des Mandala ist auf einen Mittelpunkt konzentriert. Der kleine Garten lädt ein, in ihm zu verweilen und sich ihn in tätiger Betrachtung zu erschließen.

Der Kreis – Beginn der Kultur

Die Entdeckung des Kreises markiert den Beginn menschlicher Kultur. Zu den ältesten erhaltenen Bauwerken der Menschheit zählen kreisförmige Strukturen: der geheimnisvolle Steinkreis von Stonehenge oder die riesigen neolithischen Rundburgen in Irland. Mit Rad und Töpferscheibe beginnen Technik und Wissenschaft. Mit der Erforschung der zyklischen Wiederholungen von Jahreszeiten und Fruchtbarkeitsperioden beginnt der systematisch betriebene Ackerbau.

Eines der ältesten Mandalas ist die Sonnenscheibe, das Urbild aller Kreisfiguren, Spenderin allen Lebens. Oft ist sie von geschwungenen Linien durchzogen, gleichsam in Bewegung versetzt, und von Strahlen oder kleinen Dreiecken begrenzt. Der Sonnenkreis, Symbol für Schwung und Strömung, ist selber unterwegs, er geht auf, zieht über den Himmel und versinkt wieder.

Das Erleben des Wiederkehrenden, des regelmäßigen Wechsels von Sonnenlicht und Finsternis, von Tag und Nacht, von Ebbe und Flut, der Folge von Mondphasen – all das markiert eine wichtige frühe Stufe in der Entwicklung der Menschheit.

Mandala und Kreuz

Bei aller Faszination für das Symbol des dynamischen Kreises dürfen wir jedoch nicht vergessen, dass es noch andere wichtige Erkenntnisse im fortschreitenden Reifungsprozess des menschlichen Geistes gegeben hat. Einer davon ist das Erlebnis der Unwiederholbarkeit von Zeit, die schmerzhafte Wahrheit, dass unser Leben einen Anfang und ein Ende hat und unsere Möglichkeiten begrenzt sind. Alle alten Religionen stellen sich Gott vor als jemanden, der diesem Auf und Ab entzogen ist. Der jüdische Glaube wagt an dieser Stelle eine Revolution im Denken. Er erlebt Gott als den, der in der Geschichte der Menschen wirkt, der zu ganz bestimmten Zeiten direkt eingreift und erlebbar wird, ohne dass deswegen der unendliche Abstand zwischen Gott und Welt aufgehoben wäre. Das kreisförmige Denken tritt im Judentum zurück. Nicht die ewige Wiederkehr, sondern die Einmaligkeit unseres Handelns tritt in den Vordergrund.

Zu seiner Vollendung kommt diese Dynamik in der christlichen Vorstellung von der Menschwerdung Gottes. Gott nimmt Menschengestalt an, zu einem ganz bestimmten Zeitpunkt innerhalb der Geschichte, an einem ganz bestimmten Ort. Mittelpunkt und Kreislinie berühren sich durch das Kreuz. Das Urbild des Kreuzes ist das Zusammentreffen zweier Linien, die sich im Unendlichen verlieren.

Eine sinnliche Entsprechung für die Kombination von Menschwerdung und Unendlichkeit fanden die christlichen Mönche, als sie unter den Kelten im heutigen Irland Mission betrieben. Hier gelang es, das keltische Erbe mit den Inhalten des Neuen Testaments zu verschmelzen. Eindrucksvollstes Zeugnis sind die Sonnenkreuze, bei denen sich beide Symbole ineinander verflechten.

Der viergeteilte Kreis erinnert auch an den Kompass, der die vier Himmelsrichtungen anzeigt. Von seinem kleinen Kreis aus lässt sich die Unendlichkeit des Himmels anpeilen. Das viergeteilte Mandala lässt sich dagegen erleben als »Kompass nach innen«, als Hilfsmittel für die innere Orientierung.

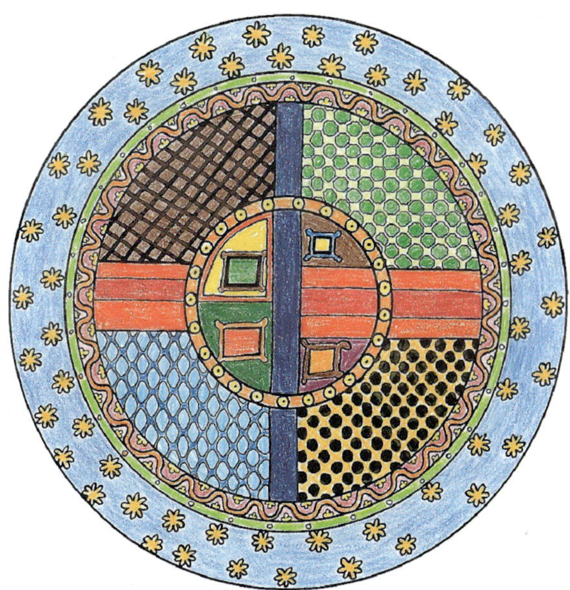

»Die Fixsternsphäre«, Ausschnitt aus einer Miniatur, Frankreich (14. Jahrhundert)

Mandala und Zahlensymbolik

Außer der Vier kommen noch viele andere Zahlen in Mandalas vor. Wie oft bestimmte Bildelemente wiederholt werden, hängt häufig mit der bewussten oder unbewussten Symbolik der jeweiligen Zahl zusammen.

Zahlen haben von jeher nicht nur eine abstrakte quantitative Bedeutung, wie wir Menschen heute meist meinen. Jede Zahl hat neben ihrem reinen Nummerierungscharakter auch eine ganz bestimmte

Qualität und lebendige Symbolik, die in die Mandalas einfließt. Zahlen erschließen Beziehungen, stellen Zusammenhänge her, ordnen und deuten. Sie werden damit zu Schlüsseln der Wirklichkeit und ihrer Geheimnisse. Verblüffenderweise ähneln sich die Deutungsmuster sehr verschiedener Kulturkreise, so dass wir hier zu den Zahlen Eins bis Neun ein paar Stichworte nennen wollen.

Eins: Anfang, Kern, Ursprung, Einheit, Einmaligkeit, Aufrichtigkeit, Zentriertheit, das Einzige und Zeitlose, das Ungeteilte und Einende, Ausdruck der höchsten Idee, Attribut und Wesen Gottes.

Zwei: Das Weibliche, Begegnung, Vereinigung, Paar, Zusammengehörigkeit und Intimität, Polarität, Spannung, Unterscheidung, Zweifel, Uneinigkeit, Zwietracht, Ambivalenz, Zerrissenheit, Gegensatz, Spaltung, Trennung.

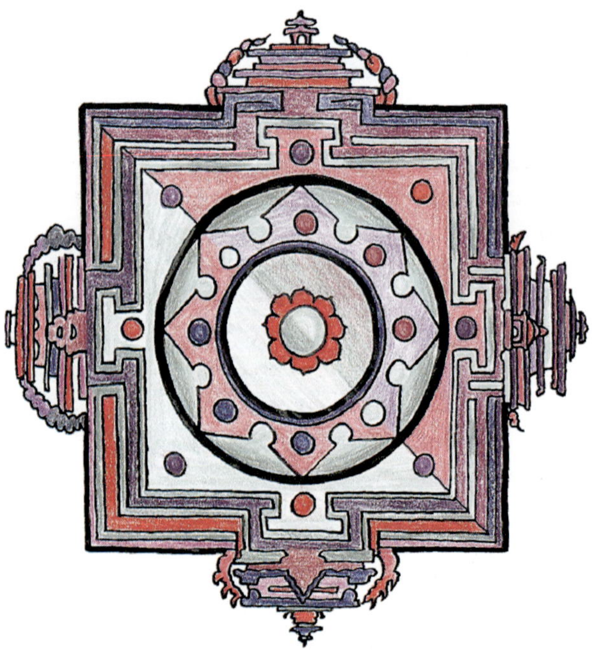

Tibetisches Mandala in Form eines himmlischen Palastes (19. Jahrhundert)

Drei: Das Männliche, Leben, Bewegung, Antrieb, Energie, Entfaltung, Schöpferkraft, Fruchtbarkeit, Erfüllung, neue Ganzheit (Mann, Frau und Kind; Anfang, Mitte und Ende; Körper, Geist und Seele usw.), Vollkommenheit, Trinität.

Vier: Das Irdische, vier Elemente, Himmelsrichtungen und Jahreszeiten, vier Bewusstseinsfunktionen (Denken, Fühlen, Empfinden, Intuition), Ordnung, Festigkeit, Struktur, Stabilität, Ruhe, Ausgeglichenheit, Heilige Hochzeit.

Fünf: Begegnung, Vereinigung, Venuszahl, zentrierte Ganzheit, fünf chinesische Elemente (Erde, Wasser, Feuer, Holz, Metall), fünf Grundpfeiler des Glaubens im Islam (Bekenntnis, Gebet, Fasten, Almosen, Pilgerfahrt), Kosmos, Gesundheit, Heil, Transzendenz, Quintessenz, Fülle, Vollendung.

Sechs: Himmel und Erde, Gott und Mensch, Weibliches und Männliches, Vereinigung der Gegensätze, Zufriedenheit.

Sieben: Erneuerung des menschlichen Organismus, Hoffnung, Auffrischung, Belebung, Trost, sieben Tage, sieben Lebensjahrzehnte, sieben Sakramente, sieben Tugenden, Künste und Wissenschaften, Gesamtheit, Fülle.

Acht: Ruhe, Harmonie, Erkenntnis, Vollkommenheit, Erhöhung, Auferstehung, Zuversicht, Heil, achtfacher Weg des Buddha.

Neun: Wandlung, Neugeburt, neun Musen, neun Engelschöre (im Judentum), neun himmlische Sphären (in China), neun Welten (bei den Germanen).

Mandala und Versenkung

Mandalas spielen besonders im Buddhismus eine Rolle als Werkzeug zur religiösen Versenkung. Berühmt sind die Mandalas der tibetischen Mönche: riesige Figuren, die in wochenlanger Arbeit aus farbigem Sand auf dem Klosterboden ausgelegt werden. Ist das Mandala fertig, wird es zerstört. Es geht nicht um das fertige Kunstwerk, sondern um den Vorgang seiner Herstellung. Der Weg ist das Ziel. Dass der Begriff »Mandala« auch bei uns bekannt wurde, haben wir vor allem dem Tiefenpsychologen C.G. Jung zu verdanken. Er hatte es an sich selbst erlebt, wie Mandalas als »Magnete für das widersprüchliche seelische Material in uns« wirken können. In gemalten oder ausgemalten Mandalas kommen Strukturen der Seele zum Ausdruck, »die das Individuelle übersteigen und in den umfassenden Rhythmus des kosmischen Lebens einbeziehen«. Unabhängig von ihrer Herkunft und Kultur können Menschen im Symbol des Mandala erleben, dass sie sich im Dasein nicht verlieren müssen, sondern Geborgenheit in einer Mitte finden können.

Mandala und Labyrinth

Eine typische westliche Form des Mandala finden wir in den Darstellungen vom Labyrinth. Das »klassische« Labyrinth ist nicht der Irrgarten mit vielerlei Abzweigungen, sondern der geschlossene, gewundene Weg. Wer ihn beschreitet, wird in vielerlei Umgängen gezwungen, um die eigene Mitte herumzulaufen. Erst wenn er den Innenraum vollständig abgeschritten hat und alle Dimensionen seiner eigenen Person erfahren hat, kann er das Zentrum erreichen. Viele mittelalterliche Kathedralen hatten im Fußboden des Eingangsbereichs ein Labyrinthmosaik, das beim Ostergottesdienst in einem speziellen liturgischen Tanz abgeschritten wurde.
Der Weg zur Ganzheit besteht aus schicksalsmäßigen Um- und Irrwegen. Er ist nach C.G. Jung eine »sehr lange Straße«. Nicht eine gerade Strecke, sondern eine Schlangenlinie, die Gegensätze verbindet: »ein Pfad, dessen labyrinthische Verschlungenheit des Schreckens nicht entbehrt«. Auf diesem Wege

Fußbodenlabyrinth in der Kathedrale von St. Quentin, Frankreich

kommen jene Erfahrungen zustande, die man häufig als »schwer zugänglich« bezeichnet. »Ihre Unzugänglichkeit beruht darauf, dass sie kostspielig sind: Sie fordern das, was man am meisten fürchtet, nämlich die Ganzheit, die man beständig im Munde führt und mit der sich endlos theoretisieren lässt, die man aber in der Wirklichkeit des Lebens im größten Bogen umgeht.« C.G. Jung hat diesen Lebensweg, der wie auf den gewundenen Pfaden eines Labyrinths zur eigenen Mitte führt, als »Individuation« bezeichnet: die Suche nach dem noch nicht manifestierten »ganzen« Menschen, der zugleich der größere und zukünftige ist.
Es ist wohl kein Zufall, dass der Irrgarten in den letzten beiden Jahrhunderten das »einwegige« Labyrinth verdrängt hat. Er kennzeichnet die Lust des Menschen, selbst Entscheidungen zu treffen.

Vom Ausmalen

»Ausmalen« ist viel mehr, als nur eine Fläche Papier mit Buntstiften zu bearbeiten. Es ist ein Ritual, ein Tanz um die Mitte, ausgeführt von Stiften, die ihre farbigen Spuren hinterlassen. Wer ausmalt, macht sich auf den Weg. Er geht jede einzelne Linie der Zeichnung nach. Er versenkt sich, zieht sich in die Grenzen des Bildes zurück und öffnet sich gleichzeitig ganz für das, was er und nur er dort findet. Es hat seine eigene Magie, den Linien eines Künstlers zu folgen, der vor vielen Jahrhunderten ebendiese Linie so und nicht anders entworfen hat.

Die lebendige Linie

Deswegen werden Sie in diesem Buch keine Vorlagen finden, die von einem Computer oder mit

Detail eines neugotischen Glasfensters in St. Thomas, Straßburg, Frankreich (um 1860)

Geräten des technischen Zeichnens erzeugt wurden. Es gibt eine Ausnahme: Beim Straßburger Stern (S. 101) wurde ein Sechstel von Hand gezeichnet und dann mit dem Computer vervielfacht. Es fehlen dort daher die kleinen Ungenauigkeiten und Unterschiede, die der Entdeckungsreise während des Ausmalens Spannung geben.

Bis auf einige Kreise, die mit einem dicken Filzschreiber an einem Zirkel gezogen wurden, sind alle Linien freihändig gezeichnet. Die Natürlichkeit und Lebendigkeit der menschlichen, leicht unvollkommenen Struktur erleichtern das Verschmelzen der eigenen farbgebenden Tätigkeit mit der vorgegebenen Form.

Der Ausmalende wandelt nur scheinbar auf vorgezeichneten Pfaden. Er gestaltet sie neu, er wählt Farben aus, mit System oder ganz spontan, Farbtöne seines Herzens oder bunte Lichter seiner Inspiration. Der Buntstift, die Kreide, der Pinsel – sie verwandeln weißes Papier, begrenzt von dünnen schwarzen Linien, in Flächen. Sie geben der Fläche Struktur, beleben sie mit den Strichen des Stiftes oder den verschwimmenden Spuren des Pinsels. Weil das Mandala bereits vollständig ist, verlangt es keine Vollkommenheit. Es braucht und will keine Perfektion – auch wenn die Auseinandersetzung mit dem eigenen Bedürfnis nach Perfektion sicher eine Erfahrung beim Mandala-Malen sein kann. Sogar ein nur teilweise ausgemaltes, »unfertiges« Mandala hat seine Gültigkeit – manchmal erstrahlt sogar aus dem, was wir »lassen« konnten, also aus dem weiß gelassenen Teil eines Mandala, noch mehr an Tiefe, an Wissen um uns selbst und unsere Stärken.

Wer ausmalt, bekommt Anteil am schöpferischen Prinzip unserer Welt. Die schier unendliche Vielfalt von Formen multipliziert er mit der ebenso unendlich erscheinenden Vielfalt von möglichen Farbkombinationen. Wenn Sie das gleiche Motiv zu verschiedenen Zeiten gestalten oder von verschiedenen Personen ausmalen lassen, können Sie staunen über die Unterschiede und den Reichtum der Ergebnisse.

Malen in Stille

Stille gehört zum Mandala-Malen dazu und stellt sich gewissermaßen von selbst ein. Das ist die wunderbare Erfahrung, von der viele Lehrerinnen und Lehrer berichten: Wenn Kinder Mandalas ausmalen, werden sie nach und nach ganz von selbst ruhig und konzentrieren sich auf ihr Bild.
Stille hilft, den Weg nach innen zu finden. Die Suche nach der Mitte, zu der das Mandala einlädt, ist die Suche nach der Heimat, der Ganzheit, der Versöhnung der Gegensätze, der Aufhebung der Pole. Kraft und Energie warten in diesem innersten Zentrum ebenso auf uns wie Ausgeglichenheit, Ruhe und Gelassenheit.

Gestalten ohne Grenzen

Die wichtigste Regel beim Ausmalen eines Mandala lautet: keine Regeln! Sie können von außen nach innen vordringen oder vom Zentrum aus beginnen, sich im Uhrzeigersinn vorantasten oder dagegen, willkürlich verteilt an mehreren Stellen beginnen oder einem inneren System folgen – es gibt viele Zugänge und Wege, das Geheimnis von Kreis und Mittelpunkt zu erfahren.
Es gibt auch keine Verpflichtung, alle weißen Flächen des Papiers mit Farbe zu füllen. Manche Menschen, die damit bereits mehrere Jahre Erfahrung haben, berichten von der zunehmenden Durchsichtigkeit ihrer Mandalas. Sie lassen viel offen und verspüren immer weniger den Drang, die vorgezeichneten Formen ganz auszumalen.

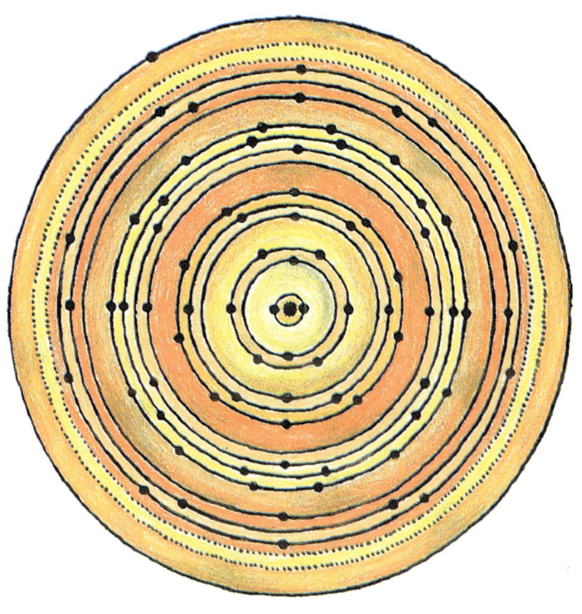

Flache Darstellung von Gold (Element 79)

Malen mit Kindern

Gerade bei Kindern, die unbelastet von inneren oder äußeren Systemen an Mandalas herangehen, lassen sich aus der Art ihres Vorgehens vorsichtig Schlüsse ziehen. Wer eine innere Mitte hat, beginnt meist im Zentrum. Ein Kind, das sonst vielleicht nervös und unsicher wirkt, zeigt damit, dass es im Innersten gefestigt ist und ein gesundes Urvertrauen zu seinen Eltern hat. Ebenso werden introvertierte Kinder die Bewegung von innen nach außen bevorzugen: Sie erschließen sich langsam, von ihrer inneren Mitte aus, die Außenwelt.
Kinder, die sehr stark auf der Suche nach dem Sinn und dem Ziel ihres Lebens sind, werden sich eher vom Rand aus auf die Mitte zuarbeiten. Je konsequenter und systematischer sie dabei vorgehen, umso weiter sind sie in ihrem inneren Prozess fort-

geschritten. Extrovertierte Kinder scheinen ebenfalls gern außen zu beginnen. Hüten Sie sich aber vor Überinterpretationen oder Bewertungen. Jede Malrichtung ist so gut wie die andere.

Welche der Mandalas in unserer Sammlung für Kinder am besten geeignet sind, finden Sie im Register am Ende dieses Buchs. Trotzdem: Unterschätzen Sie dabei die Kinder nicht. Lassen Sie sie ruhig alleine ein Mandala auswählen. Komplizierte Muster faszinieren und konzentrieren auch dann, wenn sie nicht fertig gemalt werden. Ab etwa 10 Jahren können Kinder ohnehin jedes der Motive bearbeiten.

Fällen Sie auch kein Urteil, wenn ein Kind sein Mandala unvollendet lässt. Das wird meist eher am komplizierten Motiv liegen als an der Ungeduld des Kindes. Einige Motive in diesem Buch sind bewusst so aufwendig belassen wie die alte Vorlage, damit auch »Fortgeschrittene« Spaß und Herausforderungen finden.

Sonnenrad, Schweden, gemeißeltes Motiv auf einer Steinstele aus Gotland (vermutlich 6. Jahrhundert)

Zu den Texten in diesem Buch

Auf der linken Seite finden Sie zu jedem Mandala-Motiv eine Überschrift, die eine Art Merktitel darstellt. Es ist also nicht unbedingt die korrekte kunstgeschichtliche Bezeichnung, sondern sie soll Sie neugierig machen und das Wiederfinden erleichtern.

Darunter gibt es zu jedem Mandala einen meditativen Text, der in den meisten Fällen aus dem gleichen Kulturkreis stammt wie das Bild. Manchmal bildet dieser Text auch einen reizvollen Kontrast – lassen Sie sich also überraschen.

Darauf folgen zumeist einige kurze erhellende Sätze über die kunstgeschichtlichen und symbolischen Hintergründe.

Am Fuß der Seite finden Sie die Bezeichnung, den Fundort und das Alter des Originals, das dem jeweiligen Mandala zugrunde liegt. Nicht immer ließen sich alle Angaben genau ermitteln, da wir uns im Zweifelsfall stets für das schönere, kraftvollere und energiereichere Motiv entschieden haben, selbst wenn die Herkunft nicht mehr einwandfrei nachzuvollziehen war.

Bei vielen Motiven haben wir im Anschluss an die kunstgeschichtlichen Informationen Tips zum Ausmalen gegeben, kleine Hilfen und Impulse für die Meditation und Konzentration während der Beschäftigung mit der jeweiligen Figur. Verstehen Sie das als Anregung und »Kann«, nicht als Aufgabe oder gar als »Muss«.

Wenn Sie zu Buntstift, Filzschreiber, Wachsmalkreiden oder Wasserfarben greifen und sich in diese zum Teil uralten Formen und Muster vertiefen, dann geht es nicht um richtig oder falsch, um Regeln oder Empfehlungen, sondern allein um eines: dass Sie frei werden, sich von Ihrer Umgebung »befreien«, noch besser, sie sogar ganz vergessen und gerade dadurch Energie und Kraft tanken.

Mandalas zum Selbstausmalen

Die schönsten Malergebnisse erhalten Sie, wenn Sie einen dünnen Karton unter das auszumalende Mandala legen und vorzugsweise weiche Buntstifte, Wachsmalkreiden oder Filzstifte verwenden, jedoch keine Wasserfarben.

Mann im Labyrinth

Es gibt auf der Welt einen einzigen Weg,
welchen niemand gehen kann außer dir.
Wohin er führt, frage nicht! Gehe ihn!
Friedrich Nietzsche

Bei den Naskapi-Indianern, den Eingeborenen der Labradorhalbinsel, findet man die
Vorstellung eines innerseelischen Gefährten, den sie als »Mein Freund« oder »Großer
Mann« bezeichnen. Er wohnt im Herzen jedes Einzelnen und spricht durch Träume
zu ihm. Wer seinen Anweisungen folgt, erhält von ihm vollständige Orientierung;
ob bei der Jagd in der Wildnis, bei Stammesbräuchen oder in familiären Beziehun-
gen – der »Große Mann« im Innern weist jedem den Weg.
Folgen Sie Ihrem »inneren Freund« mit Farben durch dieses Labyrinth, ganz von
Ihrer Intuition geleitet.

»Mann im Labyrinth«, Motiv auf Korbgeflecht, indianische Tradition,
Arizona, USA, 20. Jahrhundert   S. 15 ▶

Chinesische Blüte

Ich habe bemerkt an den Bäumen, immer ist hinter dem abwelkenden Blatt schon der Keim einer zukünftigen Blüte verborgen. So ist auch das Leben im jungen, frischen, kräftigen Leib die nährende Hülle der Geistesblume. Und wie sie welkt und abfällt in der irdischen Zeit, so drängt sich aus ihr hervor der Geist als ewige himmlische Blüte.

Bettina von Arnim

Dieses chinesische Mandala enthält bei längerem Hinsehen nicht nur eine Blüte in der Mitte, sondern außen, zwischen schmalen Blättern hervorwachsend, auch die Früchte. Damit verkörpert es nicht nur Wachstum, sondern auch die Gleichzeitigkeit des Ungleichzeitigen. Es hebt unsere Zeitvorstellung auf, nach der alles hintereinander geschehen muss. Es fügt zusammen, was zeitlich getrennt, aber wesentlich eins ist: Jede Frucht ist eine verwandelte Blüte.
Lassen Sie dieses Mandala von innen nach außen wachsen, und erfreuen Sie sich an jedem Schritt von der Blütenmitte bis hin zur reifen Frucht.

Florales Detail eines chinesischen Bildes, nach einer Abbildung in einem englischen Kunstführer des 19. Jahrhunderts   S. 17 ▶

Die griechische Acht

Für jede Seele bedeutet die kreisförmige Bewegung ihr Eindringen gleichsam von außen in die eigene Tiefe. So erfährt sie eine Konzentration ihrer eigenen geistigen Kräfte, die sie vor Abschweifungen bewahren und sie von der Vielheit aller äußeren Dinge hinweg zu sich selbst zurückwenden. So kann sie sich im Herzen der eigenen Seele sammeln, also auf dem Grund der Seele.

Dionysios Areopagita

In diesem Mandala steckt etwas von der liegenden Acht, die wir als Zeichen für Unendlichkeit benutzen. Von den Griechen »Lemniskate« (doppelte Schleife) genannt, drückt sie mit ihren schwingenden Polen eine schwebende Harmonie voller Geist aus, die dem Heiligen zugesprochen wird. Die Einheit des großen Kreises mit den acht darin schwingenden Kreisen verdeutlicht die Begegnung zwischen der irdischen und der geistigen Welt.
Beim Ausmalen werden Sie bemerken, dass es ein einziges Band ist, das sich da in acht Wirbeln um den Mittelpunkt schlingt. Jeder der acht inneren Strahlen zielt dabei auf je einen dieser Wirbelpunkte – lauter Zusammenhänge, die Sie mit Farben verdeutlichen können (aber nicht müssen). Die liegende Acht verbindet übrigens beide Gehirnhälften und fördert damit Ihre Konzentrations- und Aufnahmefähigkeit.

Marmorrelief an der Außenwand, Kleine Metropolis, Athen,
6. bis 8. Jahrhundert   S. 19 ▶

Steinmetzzeichen

Und du wartest, erwartest das Eine,
das dein Leben unendlich vermehrt;
das Mächtige, Ungemeine,
das Erwachen der Steine,
Tiefen, dir zugekehrt.
Rainer Maria Rilke

Es ist ein uraltes Bedürfnis des Menschen, Stein zu bearbeiten und im Stein seine Zeichen zu hinterlassen. Mit einem Stein lassen sich Zeichen setzen, die das eigene Leben überdauern. Der Stein ist unser Symbol für den unbewussten Kern im Menschen. Nicht nur Kinder sammeln mit Hingabe Steinchen auf dem Weg ein, auch Erwachsene bringen »besondere« Steine nach Hause, als ob diese ein belebendes Geheimnis enthielten. Der Stein steht für den Teil in uns, der sich nicht mehr auflösen kann, der nicht verloren geht und darum als ewig empfunden wird. Dieses Mandala kann man sowohl ausmalen als auch auf einen flachen Stein malen oder in einen weichen Ytongstein ritzen. Kinder können versuchen, es mit bunter Kreide auf die Straße zu malen. Man kann sie auch auffordern, ihr eigenes »Steinzeichen« zu erfinden, das mit vielen kleinen Steinen auf den Boden gelegt wird. Foto machen nicht vergessen!

Mittelalterliches Steinmetzzeichen, Deutschland   S. 21 ▶

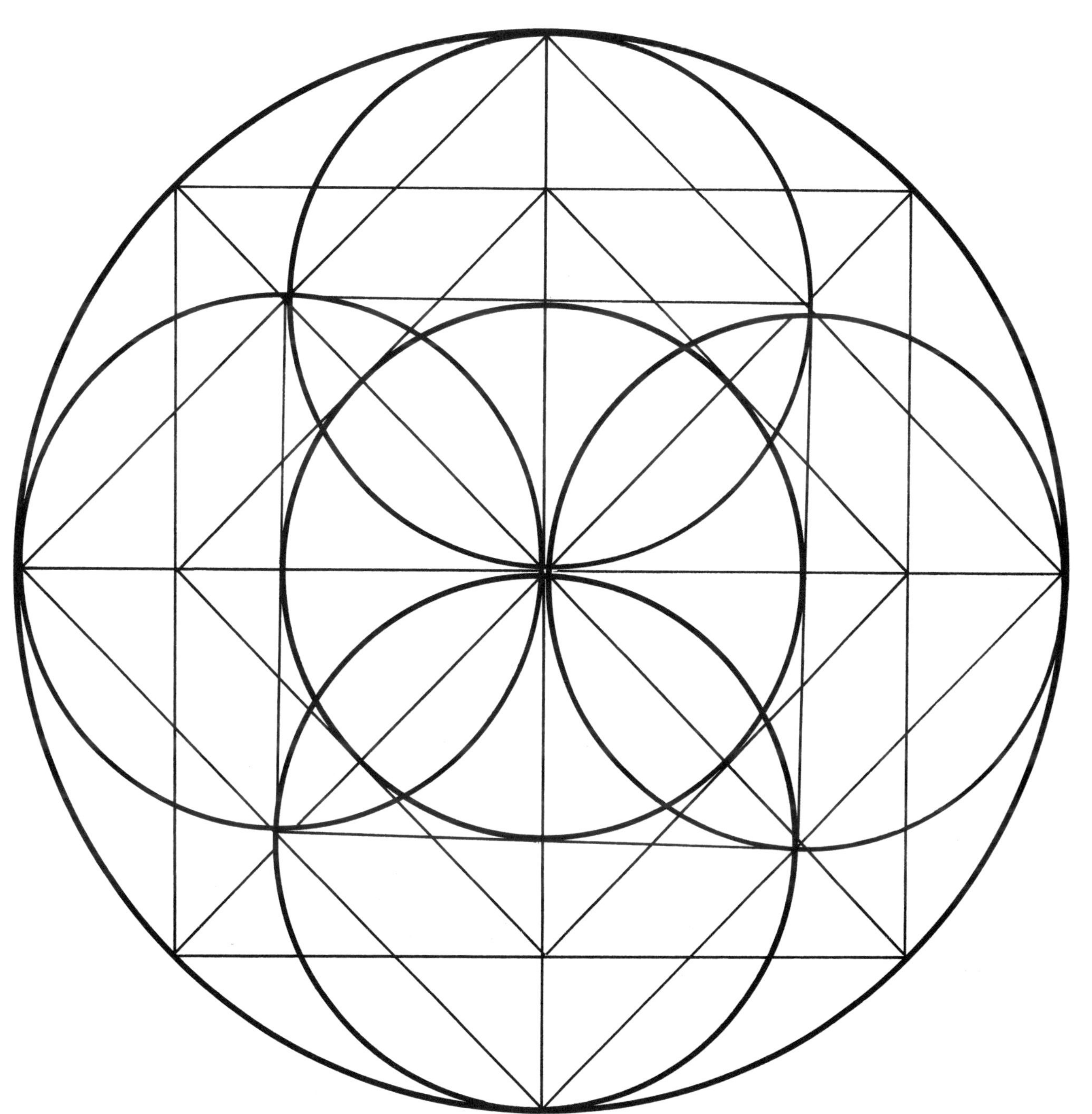

Pompeji

*Das erste Zeichen seelischer Gelassenheit ist, so meine ich,
innehalten zu können und bei sich zu verharren.*
Seneca

Alle Mosaike in Pompeji waren unter meterdicken Schuttschichten aus Lava verborgen. Aber gerade die Katastrophe des Vulkanausbruchs im Jahre 79 n. Chr. hat die Schönheit und die Farben der kunstvollen Ornamente dauerhaft bewahrt. Mandalas helfen uns hektischen Zeitgenossen, verschüttete Gaben, verschüttetes Wissen freizulegen. Wir entdecken, wie viel Schönheit unter der staubigen Alltagsschicht auf Entdeckung wartet. Wenn wir uns Zeit nehmen und bei uns verharren, stoßen wir irgendwann auf guten und fruchtbaren Grund: Wir entdecken, wie üppig es unter der grauen Oberfläche blüht und grünt. Wir lernen, den Reichtum zu genießen, den unsere Seele bereitwillig in verschwenderischer Schönheit und Fülle freisetzt.

Antikes Fußbodenmosaik in Pompeji, Italien   S. 23 ▶

Sonnenrad

Zuerst ist es notwendig, das Sehorgan dem Gegenstand entsprechend und ähnlich zu machen, der betrachtet werden soll. Niemals hätte das Auge die Sonne wahrnehmen können, wenn es nicht zuerst die Form der Sonne angenommen hätte; ebenso kann die Seele Schönheit nicht erkennen, bevor sie nicht zuerst selbst schön geworden ist.
Plotin

Der achtfache Wirbel mit den dreieckigen Strahlen steht für die alles belebende Sonne. Die einzelnen »Schaufeln« des Wirbels drehen sich im Original auf dunklem Hintergrund, ein Hell-Dunkel-Effekt, den man beim Ausmalen wieder erzeugen kann. Licht, Schatten und Leben sind das Thema dieses Mandala, das sich durch seine urtümliche Form besonders für Kinder und »Einsteiger« des Mandala-Malens eignet.

Sonnenrad, gemeißeltes Motiv auf einer Steinstele aus Gotland, Schweden, vermutlich 6. Jahrhundert n. Chr.   S. 25 ▶

Flechtband

Der Sitz der Seele ist da,
wo sich Innenwelt und Außenwelt berühren.
Wo sie sich durchdringen,
ist er in jedem Punkte der Durchdringung.
Novalis

Die keltischen Bandgeflechte haben vielfältige Bedeutung. In vorchristlicher Zeit
durfte man als Uneingeweihter die heiligen Haine nicht ohne Fesseln betreten; die
Bande drückten die ergebene Bindung an die Gottheit aus. In christlicher Zeit steht
das aus Bändern geschlungene Kreuz für den Gottessohn, der in »Todesbanden«
liegt und schließlich alle Fesseln sprengt.
Weil die Bandornamentik dieses Mandala deutlich an pflanzliche Schlingformen
erinnert, darf die innere Kreuzform auch als Lebensbaum gedeutet werden, der vom
Licht der ihn umgebenden Sonne (äußerer Kreis) durchstrahlt wird.

Buchschmuck in Flechtbandoptik auf einem keltischen Sakramentar
(Buch mit liturgischen Texten), Reims, Frankreich   S. 27 ▶

Alhambra-Stern

Den ganzen Tag denk ich darüber nach,
am Abend sag ich's dann.
Woher kam ich, und was erwartet man von mir?
Ich habe keine Ahnung.
Meine Seele stammt von woanders her,
dessen bin ich sicher,
und dort zu enden ist mein Ziel.
... Doch wer ist das eben jetzt in meinem Ohr,
der meine Stimme hört?
Wer sagt Worte mit meinem Mund?
Wer blickt umher mit meinen Augen?
Was ist die Seele?
... Wer immer mich hierher gebracht hat,
wird mich zurückversetzen müssen.

Dschellaleddin Rumi

Abbildungen von Gott oder Menschen sind im Islam verboten – genau wie im Judentum auch. Daher schuf die islamische Kunst mit unerschöpflicher Phantasie geometrische Formen. Zum Spiel der Linien und Muster kamen die prachtvollsten Farben dazu. Fußboden, Wand, Decke, Teppich oder keramisches Gefäß, alles wurde mit feinstem Linienwerk oder üppigen Ornamenten überzogen.
Die aus dem Bilderverbot entstandene Kunst lässt viel Raum für innere Bilder. Sie bildet in faszinierender Weise die inneren Muster unserer Seele ab, die anders geartet sind als die Bilder, die wir tagtäglich vor Augen haben.

Deckenausschnitt im maurischen Stil in der Eingangshalle vom »Hof am Fischteich«,
Alhambra, Granada, Spanien, 14. Jahrhundert   S. 29 ▶

Die innere Burg

Steigt man in sich selbst hinab,
so findet man, dass man genau das besitzt,
was man begehrt.

Simone Weill

Viele Menschen finden den Weg nach innen nicht, weil sie Scheu oder sogar Angst vor dem Alleinsein haben. Ein gewisses Maß an Alleinsein oder Einsamkeit ist aber notwendig, um den Weg nach innen gehen zu können.

Dieses Mandala ist gut geeignet, diesen ersten Schritt nach innen zu erleichtern. Es gilt, eine Mauer nach der anderen zu überwinden, von außen nach innen oder auch umgekehrt. Eine stille Stunde, mit Malen verbracht, bringt uns zu uns selbst zurück. Sie erschließt die gut geschützten Räume unserer Seelenburg. Sie öffnet die innere Schatzkammer und spendet eine ganz eigene Kraft, die aus der Tiefe wirken kann.

Geometrische Struktur zur Bewusstwerdung, alchemistische Tradition,
Deutschland, 18. Jahrhundert   S. 31 ▶

Der Diamant

Jeder Einzelne von uns besitzt einen göttlichen Funken, doch nicht jeder fördert ihn bestmöglich zutage. Der Funken gleicht dem Diamanten; dieser kann seinen Glanz nicht verbreiten, wenn er im Erdreich begraben ist. Aber in jedem von uns ist Licht wie von einem Diamanten, sobald man es in der geeigneten Fassung zum Erstrahlen bringt.

Chassidische Weisheit

Edelsteine und ganz besonders Diamanten sind eindrucksvolle Symbole für den Reichtum des inneren Selbst. Sie zu finden und ihr inneres Licht erstrahlen zu sehen gehört zum höchsten Glück aller Schatzsucher, ob in der äußeren oder in der inneren Welt. Ein Diamant braucht Licht von außen, das er tausendfach in allen Regenbogenfarben widerspiegeln kann. Der richtige Schliff und die passende Fassung machen es möglich.

Suchen Sie nach dem Rohdiamanten in Ihrem Lebens-Labyrinth, und bringen Sie ihn durch eine geeignete Fassung zum Leuchten. Besonders teure und große Steine tragen übrigens einen Namen. Finden Sie einen solchen Namen auch für sich – Ihre Seele ist wertvoller als der kostbarste Diamant.

Heckenlabyrinth »Der Diamant« in Russborough, England, 1989   S. 33 ▶

Stern der Quäker

Gehe ruhig und gelassen durch Lärm und Hast und sei des Friedens eingedenk, den die Stille bergen kann. Stehe, soweit ohne Selbstaufgabe möglich, in freundlicher Beziehung zu allen Menschen. Äußere deine Wahrheit ruhig und klar und höre anderen zu, auch den Geistlosen und Unwissenden; auch sie haben ihre Geschichte. Meide laute und aggressive Menschen, sie sind eine Qual für den Geist.
Sei du selbst, vor allen Dingen heuchle keine Zuneigung, noch sei zynisch, was die Liebe betrifft; denn auch im Angesicht aller Dürre und Enttäuschung ist sie doch immerwährend wie Gras ...
Du bist ein Kind des Universums, nicht weniger als die Bäume und die Sterne; du hast ein Recht, hier zu sein.
Und ob es dir nun bewusst ist oder nicht: Zweifellos entfaltet sich das Universum wie vorgesehen. Darum lebe in Frieden mit Gott, was für eine Vorstellung du auch von ihm hast und was immer dein Mühen und Sehnen ist.

Desiderata aus der alten St. Paul's Church in Baltimore, 1692

Die Quäker sind eine 300 Jahre alte protestantische, pazifistische Gemeinschaft, die in den USA heimisch wurde. Sie sind Meister der Stille. Bei ihren Treffen schweigen sie die meiste Zeit. Sie wollen allen Raum dem großen Geheimnis des Lebens zur Verfügung stellen, ohne es mit dem Schwall eigener Worte zu vertreiben. Die stille Handarbeit, bei der wunderbare große Decken (Quilts) genäht und gestickt werden, gehört ebenso zum alltäglichen Meditationsprogramm der Quäkerfrauen. Im Schweigen, so meinen sie, lässt sich die Gegenwart des Göttlichen am deutlichsten erleben. Im Schweigen entfaltet man sich – im Einklang mit dem Universum – am leichtesten.

»Star and Feathers«, Quilt im Stil der Quäker, USA,
Anfang 20. Jahrhundert   S. 35 ▶

Magdeburger Rosette

Nun sei es, Menschlein, fliehe ein wenig die Beschäftigung mit dem Irdischen, verbirg dich ein wenig vor deinen lärmenden Gedanken, wirf deine lästigen Sorgen weg und setze deine mühseligen Zerstreuungen beiseite! Sei ein wenig für Gott da, ruhe dich ein wenig in ihm aus! Gehe in das Gemach deines Geistes hinein, schließe alles aus außer Gott und dem, was dir ihn suchen hilft! Suche ihn bei verschlossener Türe.

Anselm von Canterbury

Die berühmten Fensterrosetten der Gotik sind keine Fenster, durch die man nach draußen schauen kann. Sie sind nach außen durch farbiges Glas »verschlossen« und dadurch in einem sehr tief gehenden Sinn Fenster nach innen. Ihre eigentliche Schönheit kann man im heiligen Raum erst entdecken, wenn die Sonne von außen ihr Licht darauf wirft. Die Beschäftigung mit einem Mandala kann eine ähnliche Situation erzeugen: Ich wende meinen Blick nach innen, unterstützt von einer äußeren Struktur, die nur dazu dient, nach und nach die farbige Schönheit zu offenbaren, die im Inneren verborgen auf mich gewartet hat.
Diese schlichte Rosette öffnet in mehrfacher Weise Fenster nach innen. Sie eignet sich gut als erste Malbegegnung mit der wunderbaren Welt der gotischen Rosetten.

Gotische Rosette im Dom von Magdeburg, Deutschland, um 1320   S. 37 ▶

Aus der Mitte wachsen

Die großen Taten der Menschen sind nicht die, welche lärmen. Das Große geschieht so schlicht wie das Rieseln des Wassers, das Fließen der Luft, das Wachsen des Getreides.

Adalbert Stifter

Schöpfung vollzieht sich so selbstverständlich und leise, dass wir es selten wahrnehmen. Man kann sagen, dass die Natur die »richtige Haltung« und ein phantastisches Zeitgefühl mitbringt: Alles darf auf seine Weise und zu seiner Zeit aus der Mitte wachsen. Die Natur lässt sich nicht drängen. Sie lässt sich aber auch nicht fixieren. Sie sucht nicht nach Dauer wie wir Menschen, sondern erlaubt sich beständige Verwandlung.

Fließen, strömen, wachsen, ineinander übergehen, reifen, auflösen, neu beginnen – mit dieser natürlichen Haltung kann man auch ins Mandala-Malen hineingehen und sich davon überraschen lassen, was dann aus der Mitte wächst.

Mandala nach vier bunt lasierten Kacheln, Mitteleuropa,
13./14. Jahrhundert   S. 39 ▶

Feuersonne

Wie die eine Sonne
diese ganze Welt erleuchtet,
so erfüllt das göttliche Selbst
die ganze Natur mit Licht.
Die Herrlichkeit, die in der Sonne lebt
und die ganze Welt erfüllt,
die im Mond und im Feuer widerscheint,
erkenne als die Herrlichkeit Gottes.

Aus der Bhagawadgita, dem heiligen Buch Indiens

Die Sonne ist weltweit wohl das wichtigste Symbol für Wärme, Licht, Leben und Ganzheitlichkeit. Mit der Sonnenscheibe drückt der Mensch auch seine religiöse Erfahrung aus. Er verleiht der Sonne göttliche Attribute oder meditiert sie als großartige Schöpfung Gottes. Wie jedes runde Symbol ist die Sonnenkugel auch ein Sinnbild für die Seele, deren inneres Licht erstrahlt.
Lassen Sie sich vom feurigen Licht dieses mittelalterlichen Sonnen-Mandala erleuchten.

Druckerzeichen, Deutschland, Ende 15. Jahrhundert   S. 41 ▶

Bambara

Ein seelisch ausgeglichener Mensch
ist ein Mensch,
der sich seiner Segnungen
bewusst geworden ist.

Aus Afrika

Bambara ist heiter wie das strahlende Licht des Sonnenaufgangs – ein Thema, das sich auf den Malereien Westafrikas in unzähligen Varianten findet. In lebendiger, geradezu lustiger Weise mischen sich in diesen handgemalten Mustern Symmetrie und Unausgewogenheiten.
Kinder haben zu solchen Mustern einen unmittelbaren Zugang und lassen sich davon auch gut zum Entwerfen eigener Mandalas dieser Art anregen.

Traditionelles Bambara-Muster auf Stoff gedruckt, Mali, Afrika   S. 43 ▶

Der Kreis von Limoges

Das Ziel der Kunst ist die Suche nach der Schönheit, so wie das Ziel der Religion die Suche nach Gott und der Wahrheit ist. Und ebenso wie die Kunst aufhört, so hört auch die Religion auf, sobald sie aufhört, Gott und die Wahrheit zu suchen, indem sie glaubt, sie gefunden zu haben.

Peter Demian Ouspensky

»Email« heißt übersetzt »Schmelz«. Bei der Emailtechnik werden verschiedenfarbige flüssige Glasmassen so miteinander verschmolzen, dass neue leuchtende Farben und Effekte von großer Schönheit entstehen. Alle Schönheit wartet nur darauf, wahrgenommen zu werden – heute, hier, jetzt, von mir. Sie will sogar noch mehr: Sie will bis in mein Innerstes dringen. Schönheit ist die Außenseite einer im Herzen der gesamten Schöpfung wohnenden Freude am Verschmelzen. Wo sie meine Mitte berührt, hat sie etwas Lösendes: Sie löst ein Öffnen und den Wunsch nach Verbindung aus, ein kosmisches Prinzip.
Probieren Sie bei diesem Mandala einmal aus, die Farben übereinander zu legen und ineinander laufen zu lassen. Und freuen Sie sich dabei an Ihrer eigenen Fähigkeit zum Verschmelzen.

Byzantinisches Emaildekor, Limoges, Frankreich, Ende 12. Jahrhundert   S. 45 ▶

Steinbrech

Eine Welt in einem Sandkorn sehen
und einen Himmel in einer wilden Blume,
die Unendlichkeit in der Hand halten
und die Ewigkeit in einer Stunde.
William Blake

In der Pflanzenwelt finden sich zahllose Mandalas. Das hier abgebildete Blattwerk
hat im Original nur etwa zwei Zentimeter im Durchmesser. In der Vergrößerung wird
es bereits symbolisch verfremdet, und durch das Ausmalen mit anderen Farben als
dem natürlichen Grün lassen sich weitere reizvolle Verfremdungen erzielen.

Steinbrech, nach einer Fotografie von Karl Blossfeldt,
»Urformen der Kunst«, 1929   S. 47 ▶

Dreifache Spirale

Drei Falten hat das Gewand eines Priesters –
und doch ist es gewebt aus einem Stück.
Drei Glieder hat der Finger –
und doch bewegen sie sich gemeinsam.
Dreiblättrig ist der Klee –
und doch sagt man nur »Kleeblatt«.
Raureif, Schnee und Eis –
alles zergeht zu Wasser.
Drei Personen sind in Gott –
und doch ist er immer derselbe Ein-Heilige.

Irisches Volksgut

In vielfachen Varianten findet sich in diesem Mandala die Zahl Drei. Viele irische Gebete und Segensformeln enthalten Hinweise auf die Dreifaltigkeit, bis hin zur irischen Flagge mit dem dreiblättrigen Kleeblatt.
Entdecken Sie beim Ausmalen, wie sich die drei Bereiche ineinander verschlingen und eine tanzende Einheit bilden.

Keltisches Spiralendekor, »Book of Durrow«,
Trinity College Library, Dublin, Ende 7. Jahrhundert   S. 49 ▶

Davidstern

Ich merkte, dass alles, was Gott tut, ewig besteht.
Man kann nichts dazutun noch wegtun.
Was geschieht, ist schon gewesen,
und was sein wird, ist auch schon längst gewesen.
Gott holt wieder hervor, was vergangen ist.

Prediger Salomo 3,14–15

Der sechszackige Stern aus zwei ineinander geschobenen gleichseitigen Dreiecken
findet sich in vielen Kulturen. Dieses Beispiel aus St. Sebald mit einem zusätzlich
eingearbeiteten Kreis entstammt byzantinischen Motiven.
Dass diese Figur »Davidstern« genannt und dem Judentum zugeordnet wird, ist eine
verhältnismäßig junge Tradition aus dem Mittelalter. Eindeutiges Symbol für die
jüdische Religion ist der Davidstern erst seit dem frühen 19. Jahrhundert.
1897 wurde er das Wahrzeichen des Zionismus und 1948 mit der Gründung
des Staates Israel das offizielle Emblem des jüdischen Volkes.
Beim Ausmalen werden Sie feststellen, wie die Wahrnehmung pendelt zwischen den
Dreiecken und dem ganzen Stern, zwischen Dynamik und Statik.

Nach einem Ornament in St. Sebald, Nürnberg, 15. Jahrhundert   S. 51 ▶

Acht Blätter des Glücks

Auf des Berges Spitze
ist eine Flagge gehisst, ein Meter im Quadrat.
Denke nicht, die Flagge sei klein!
Auf ihr sind acht Blätter des Glücks versammelt.

Auf des Berges Spitze
wächst eine rosarote Blume.
Denke nicht, die Blume sei klein,
ihre Blütenblätter sind vollzählig versammelt.

Auf des Berges Spitze
ist eine rote Flagge gehisst.
Auch wenn drei Jahre lang Regen fällt,
die Farben werden nicht verwittern.

Aus Tibet

In der islamischen Welt, aus der dieses türkische Mandala stammt, gibt es die Vorstellung, dass es zwar sieben Höllen gebe, aber acht himmlische Paradiese: Denn Gottes Gerechtigkeit und Zorn sind groß, aber seine Barmherzigkeit und seine Gnade sind noch viel größer.
Der tibetische Text erinnert daran, dass die Acht eine besonders ausgewogene Vollständigkeit ausdrückt, die auch im Allerkleinsten und Unscheinbarsten gefunden werden kann.

Osmanisches Ornament am Grabmal von Sultan Soliman I.,
Konstantinopel, Türkei, Anfang 16. Jahrhundert   S. 53 ▶

Robin Hoods Rennen

Bedenke:
Ein Stück des Weges
liegt hinter dir,
ein anderes Stück
hast du noch vor dir.
Wenn du verweilst,
dann nur, um dich zu stärken,
nicht aber, um aufzugeben.

Aurelius Augustinus

Dieses Labyrinth symbolisiert den Wald von Sherwood Forest, in dem sich Robin Hood, der Freund der Armen, mit seinen Gefährten verbarg. Es hat vier »Verstecke«, in jeder Himmelsrichtung eines, wo man sich stärken und ausruhen kann. Sie sind mit Kreuzen in Schwertform gekennzeichnet: zum einen als Zeichen des himmlischen Schutzes, zum anderen als Ausdruck dafür, dass Einsatz und Erholung, Engagement und Rückzug, Kampf und Kontemplation zusammengehören.

»Robin Hoods Rennen«, Labyrinth bei St. Anns Well,
Sneinton, Nottinghamshire, England, inzwischen zerstört   S. 55 ▶

Die vier Samen

Die Stille ist nicht auf den Gipfeln der Berge.
Der Lärm ist nicht auf den Märkten der Städte.
Beides ist im Herzen der Menschen.
Östliche Weisheit

Wer sich zum Mandala-Malen zurückzieht, tut das nicht ohne Hoffnung, dabei auf
den eigenen Grund vorzustoßen. Allein mit mir selbst, in der Stille und Zurück-
gezogenheit ist es leichter, mich dem zu nähern, was im doppelten Wortsinn der
Grund meines Lebens ist. Dann erlebe ich mich vielleicht als ein Samenkorn, das
in den Grund gesenkt worden ist und seine Bestimmung erkennt.
Dieses einfache Mandala verkörpert einen entwaffnend schlichten und unauf-
geregten Wirklichkeitssinn, wie er sich nur in den ganz einfachen Dingen findet.

Osteuropäischer Teller mit vier Samenhülsen;
die drei Linien symbolisieren die Kraft des Lebens   S. 57 ▶

Die Tür nach innen

In einem jeden Menschen gibt es zwei: den inneren und den äußeren.
Es gibt so manche Menschen, die verzehren der Seele Kräfte allzumal für den
äußeren Menschen.
Das sind die Leute, die alle Sinne und Gedanken auf äußere und vergängliche Güter
richten, die nichts vom inneren Menschen wissen. Das raubt der Seele die Kraft.
Man muss aber auch wissen, dass der äußere Mensch gar wohl aktiv sein kann und
dabei doch der innere frei und unbewegt zu sein vermag.
Das ist wie bei einer Tür:
Während sich das Türblatt, das unserem aktiven Teil entspricht, bewegt, so bleibt
doch die Angel, in der die ganze Tür hängt, ruhig und wird nicht im Geringsten
verändert.
Die Angel, das ist der innere Mensch.

Meister Eckhart

Ein Teil schwingt, ein Teil ruht – besser kann man die Erfahrung beim Malen dieses
ungewöhnlichen Tür-Mandala gar nicht beschreiben. Es wird so zum Übungsfeld für
eine gelassenere Einstellung zum Leben und den harmonischen Ausgleich
zwischen Aktion und Kontemplation.

Keltisches Flechtwerkornament, Illustration im Tironischen Psalter,
Paris, 8. Jahrhundert   S. 59 ▶

Himmlisches Sphärenrad

Da kommen welche, die reden von so großen, überwesenhaften, überherrlichen Dingen, ganz so, als ob sie über alle Himmel geflogen wären, und doch haben sie nie auch nur einen Schritt aus sich selber getan in der Erkenntnis ihres eigenen Nichts. Wohl mögen sie zu vernunftmäßiger Wahrheit gelangt sein, aber zu der lebendigen Wahrheit, die wirklich Wahrheit ist, kommt niemand als auf dem Weg seines Nichts.

Johannes Tauler

Das Original dieser Miniatur zeigt noch zwei Engel, die mit Kurbeln die äußere Reihe der Fixsterne in Bewegung setzen, womit wiederum alle anderen Sphären angetrieben werden. Die Vorstellung des Sternenhimmels als von Gott angetriebenes Räderwerk findet sich bereits in den Psalmen des Alten Testaments – ganz bewusst als Gegenbild zu den nichtjüdischen Religionen, in denen die Sterne als Gottheiten verehrt wurden.
Der Himmel als fröhliches Spiel des Schöpfers – lassen Sie sich durch diese Vorstellung zu heiteren Farben ermuntern. Das Kreuz, das den Kreis durchzieht, spielt an auf die Pfeiler, auf denen Himmel und Erde ruhen (Hiob 9,6).

Ausschnitt aus einer Miniatur, Frankreich, 14. Jahrhundert   S. 61 ▶

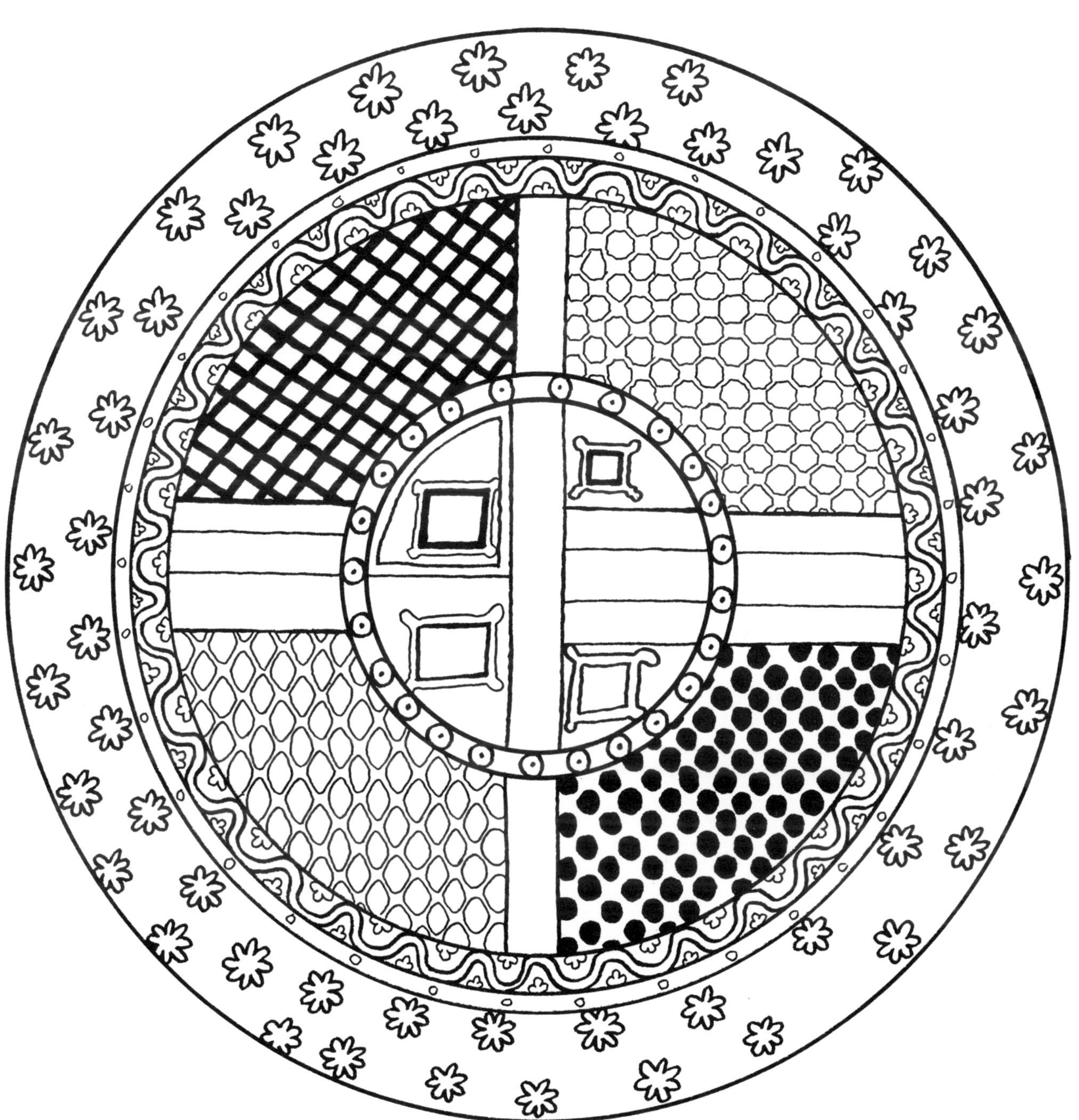

Die Federn der Würde

Ein jedes Ding im Universum
kehrt zu seiner Quelle zurück.
Rückkehr zur Quelle heißt Stille.
Erkennt man die Quelle nicht,
so gerät man in Verwirrung und Leid.
Erkennt man den Ursprung,
so wird man duldsam,
gelassen und heiter,
freundlich wie eine Großmutter,
würdig wie ein König.

Tao-te-king

Wahrscheinlich in Anlehnung an das Emblem des Prince of Wales wurde dieses Quiltmotiv mit roten und grünen Federnbuschen gestaltet. Als Zeichen der Verehrung und des Respektes für den englischen Kronprinzen steckten sich Damen, die im 19. Jahrhundert bei Hof vorgestellt wurden, gerne Straußenfedern ins Haar. Beim Ausmalen dieses Mandala kann man darüber meditieren, wem unser Respekt gilt und was auf unsere freundliche Würdigung wartet.

»Princess Feather Applique«, Baumwollquilt, Vermont, USA, um 1850   S. 63 ▶

Das Kreuz von Ravenna

Wenn ich ein Arzt wäre und mich jemand fragte: Was meinst du wohl, was getan werden sollte? – ich würde antworten: Das Erste, die unbedingte Bedingung dafür, dass überhaupt etwas getan werden kann, also das Erste, was geschehen muss, ist: Schaff Schweigen, hilf anderen zum Schweigen!

Sören Kierkegaard

Dieses Ornament enthält neben dem einen Kreis in der Mitte vier halbe und vier Viertelkreise. Aber durch Zentrierung auf die Mitte gewinnen auch die »halben Sachen« unseres Lebens ihren Sinn.

Beim Ausmalen werden Sie sehen, dass es sich hier um einen Ausschnitt eines viel größeren Musters handelt, das sich in alle Richtungen fortsetzen lässt. So wächst in Ihnen das Bewusstsein, dass sich die Bruchstücke ergänzen und mit jedem Teil ein größeres Ganzes möglich werden kann.

Marmorfußboden aus byzantinischer Zeit, San Vitale, Ravenna, Italien   S. 65 ▶

Herzblatt

Eine Blume recht zu betrachten, bis auf den Grund in sie hineinzugehen, da kommen wir nie mit zu Ende. Ich kann mich gar nicht satt sehen, das Sehen wird mir recht von Tag zu Tag lieber, und ich freue mich immer mehr, dass ich so recht von Herzen darauf gefallen bin. Alles Lebendige hat in unserer Seele seinen Spiegel, und unser Gemüt nimmt alles recht auf, wenn wir es mit Liebe ansehen. Dann erweitert sich der Raum in unserem Inneren, und wir werden zuletzt selbst zu dieser großen Blume, wo sich alle Gestalten und Gedanken wie Blätter in einem großen Stern um das Tiefste unserer Seele, um den Kelch wie um einen tiefen Brunnen drängen ... und wir uns selbst immer verständlicher werden.

Philipp Otto Runge

Die zart geaderte weiße Blüte des Herzblattes vermittelt eine eigentümliche Freundlichkeit, die man vor allem in sich aufnehmen kann, wenn einem »etwas über die Leber gelaufen« ist. Das Herzblatt galt früher als Heilmittel bei Leberleiden. Wenn Sie gerade mal wieder »im Sumpf« negativer Gefühle stecken, sollten Sie sich diesem Mandala zuwenden. Sie werden beim Ausmalen merken, wie jeder Teil dieser Blüte vor Sympathie anschwillt und Ihnen wohlgesinnt ist – eine Energie, die sich auf Sie übertragen wird.

Suchen Sie draußen in der Natur nach weiteren Mandala-Formen, oder gestalten Sie im Freien oder auf einer flachen Schale Ihr eigenes Natur-Mandala aus Blüten, Zapfen, Blättern und Zweigen.

Innere Blüte des Sumpf-Herzblattes, Parnassia palustris,
nach einer Fotografie von Karl Blossfeldt, 1929   S. 67 ▶

Reiher

Wenn man sich mit japanischer Kunst befasst, dann sieht man, wie ein unbestreitbar weiser Mann seine Zeit womit verbringt. Die Entfernung des Mondes von der Erde zu studieren? Nein. Die Politik Bismarcks zu studieren? Nein. Er studiert einen einzigen Grashalm. Aber dieser Grashalm bringt ihn dazu, alle Pflanzen zu zeichnen, dann alle Jahreszeiten, die großen Züge der Landschaften, schließlich die Tiere, dann die menschliche Gestalt. So verbringt er sein Leben, und das Leben ist zu kurz, um das alles auszuführen. Sieh mal, ist das nicht beinah eine wahre Religion, was uns diese so schlichten Japaner lehren?

Vincent van Gogh

Die Einfachheit in der Form finden und dabei trotzdem ein Maximum an Gehalt einfangen, so könnte man das Geheimnis der japanischen Kunst umschreiben. Jeder japanische Künstler versucht, das Wesentliche einer Pflanze, eines Tieres, eines Berges mit so wenig Worten oder Strichen wie nur möglich zu erfassen. Die Bilder japanischer Künstler erhalten ihre Schönheit durch das, was nicht vorhanden ist. Dadurch bleibt entsprechend viel Raum für das Suggestive, das aus dem Bild strömen kann und die Seele des Betrachtenden erfasst.

Japanisches Tapetenmotiv, Tokio, 19. Jahrhundert   S. 71 ▶

Rosette von Reims

Nichts soll dich ängstigen,
nichts dich erschrecken.
Gott allein bleibt derselbe.
Alles erreicht der Geduldige,
und wer Gott hat,
der hat alles.
Gott allein genügt.

Teresa von Avila

Der geteilte Kreis hat eine eigene Symbolik: die zerteilte Ganzheit, die Unterscheidung zwischen Ober- und Unterwelt, zwischen dem Sichtbaren und dem Unsichtbaren. Es ist gut, wenn die Grenze zwischen beidem als durchlässig gedacht wird.

Keine der beiden Hälften darf auf dem Reifungsweg unseres Lebens zu kurz kommen, keine soll die andere verschlingen. Die helle Seite unserer Seele muss sich nicht vor der dunklen Seite fürchten. Das Unbewusste und das Bewusste können sich gegenseitig befruchten.

Das geheime Thema dieses Mandala ist der Gegensatz von hell und dunkel. Sie können das ausdrücken durch starke Kontraste – oder durch das Ineinanderfließen verschiedenster Farbtöne die Vereinigung der Gegensätze herbeiführen.

Fensterrosette der Kathedrale von Reims,
Frankreich, erste Hälfte 13. Jahrhundert   S. 73 ▶

Labyrinth von Lucca

Wäre die Pupille nicht dunkel, wie könnte sie das göttliche Licht empfangen?
Chassidische Weisheit

Das Zentrum dieses Labyrinthes ist schwarz. Auch der Weg ist schwarz. Ausmalen
und meditieren lassen sich hier die Begrenzungen, die uns auf dem Lebensweg
begegnen und uns in die ein oder andere Richtung »zwingen«. Der schwarze
Mittelpunkt erinnert an die schwarze Pupille im Auge, an den Ort, wo alle Bilder
ins Gehirn dringen und dort zu einem inneren Bild zusammengesetzt werden.
Ein Mandala wie dieses kann dazu anregen, die Welt der rein äußerlichen Bilder
zu überschreiten und die Aufmerksamkeit nach innen zu kehren, um durch den
»blinden Fleck« der Mitte hindurch auf das zu schauen, was wirklich ist.

Labyrinth auf einem Stützpfeiler am Portal der
Kathedrale von Lucca, Italien   S. 75 ▶

Osmanische Kuppel

*Ein Mensch, der im Dunkel wandert, wandert doch. Der Schüler lernt, auch wenn
er nicht weiß, dass er lernt, und so mag er schließlich durchaus Feuer fangen.
Im Winter sammelt ein Baum Nahrung. Die Leute mögen denken, er sei müßig,
denn sie sehen nicht, dass irgend etwas geschieht. Erst im Frühling sehen sie die
Knospen. Jetzt erst, so glauben sie, tut er etwas.
Es gibt eine Zeit des Aufspeicherns und eine Zeit des Ausschüttens.
Das bringt uns zurück zu dem Lehrsatz:
»Die Erleuchtung muss Schritt für Schritt kommen, sonst würde man von der
Erfahrung überwältigt.«*
Dschelaleddin Rumi

Dieses Mandala erfordert Zeit, und es vermittelt zugleich das Gefühl, dass genug
Zeit da ist. Es lehrt, dass ich mir Zeit lassen kann – auch für die kleinen Details.
Es lehrt die Wichtigkeit der kleinen Schritte. Es lehrt aber auch, dass ich mich dabei
immer noch im Ganzen bewege, dem Ganzen gehöre, einem Ganzen diene. Es ist die
Weisheit des gelassenen Vorwärtsgehens, die mich hier leiten und die ich als Kraft
mit in meinen Alltag nehmen kann.

Osmanische Kuppeldekoration über dem Grabmal von Sultan Soliman I.,
Konstantinopel, Türkei, Anfang 16. Jahrhundert   S. 77 ▶

Persischer Garten

Dein ist nichts als die Stunde,
in der du lebst.

Arabisches Sprichwort

In einem persischen Garten ist der Brunnen das Zentrum. Kein arabisches Haus ohne einen Brunnenhof. Als strömende Wasserquelle verkörpert der Brunnen die Essenz all dessen, was im Garten zum Leben erwacht. Der Brunnen oder das kunstvoll angelegte Wasserbecken ist gesellschaftlicher Treffpunkt und stiller Rückzugspunkt in einem. Um ihn herum ordnet sich die Natur, ruht in sich und erneuert sich doch fortlaufend selbst.
Wie jedes Mandala ist auch dieses ein Modell dafür, wie die Welt durch strömendes Bewusstsein erschaffen wird, in ihrer Einmaligkeit, wie sie nur diese Stunde ermöglicht.

Persische Buchillustration, British Museum, London   S. 79 ▶

Mailänder Rosette

Wenn also alle Menschen ein Recht auf dich haben, dann sei auch du selbst ein Mensch, der ein Recht auf sich selbst hat. Warum solltest einzig du selbst nichts von dir haben? Wie lange noch schenkst du allen anderen deine Aufmerksamkeit, nur nicht dir selber? Bist du dir etwa selbst ein Fremder? Bist du nicht jedem fremd, wenn du dir selber fremd bist? Ja, wer mit sich selbst schlecht umgeht, wie kann der gut sein?
Denke also daran: Gönne dich dir selbst.
Ich sage nicht: Tu das immer.
Ich sage nicht: Tu das oft.
Aber ich sage: Tu es immer wieder einmal.
Sei wie für alle anderen auch für dich selbst da,
oder jedenfalls sei es nach allen anderen.
Bernhard von Clairvaux

Die Dynamik dieses Mandala geht sehr stark vom Zentrum aus. Beim Ausmalen kann man gut erfahren, wie viel Ruhe in der Mitte liegt und wie mit dem Vordringen nach außen die Energie zunimmt. Trotzdem schwingt sie immer wieder gelassen in sich zurück und vermittelt damit eine wohltuende Ausgewogenheit.

Rosette in der Apsis der Kathedrale von Mailand, 15. Jahrhundert   S. 81 ▶

Männer und Frauen der Erde

Großer Geist,
gib uns ein hörendes Herz:
damit wir von deiner Schöpfung
nicht mehr nehmen, als wir geben,
damit wir nicht willkürlich zerstören
nur um unserer Habgier willen,
damit wir uns nicht weigern,
ihre Schönheit mit unseren Händen zu
 erneuern,
damit wir niemals von der Erde nehmen,
was wir nicht wirklich brauchen.
Großer Geist,

gib uns Herzen, die verstehen:
dass wir Verwirrung stiften,
wenn wir die Musik der Erde stören,
dass wir blind für ihre Schönheit
 werden,
wenn wir ihr Angesicht verunstalten,
dass wir ein Haus voll Gestank haben,
wenn wir ihren Wohlgeruch verderben.
Ja, Herr, wenn wir sorgsam mit der Erde
 umgehen,
sorgt sie für uns.

Indianisches Gebet

Die alten indianischen Kulturen orientierten sich sehr bewusst an den Rhythmen
der Natur. Sie wollen mit der ganzen Schöpfung im Einklang sein. Indianer
nehmen von der Natur nur so viel, wie sie brauchen, und streben danach, genauso
viel zurückzugeben. So entsteht in Ehrfurcht vor dem Großen Geist, der alles durch-
dringt, ein Bewusstsein für eine natürliche Ordnung, in dem alle Lebenserfahrungen
untergebracht werden können. Auch in jedem Kunstwerk, ob getöpfert, gewebt oder
geflochten, ist für das indianische Auge das Wesen des Großen Geistes erkennbar.

Flechtwerk auf einem Korb der Apachen, Nordamerika   S. 83 ▶

Lebenskraft

O edelstes Grün,
das wurzelt in der Sonne
und leuchtet in klarer Heiterkeit,
im Rund eines kreisenden Rades,
das die Herrlichkeit des Irdischen nicht fasst:
Umarmt von der Herzkraft himmlischer Geheimnisse,
rötest du wie das Morgenlicht
und flammst wie der Sonne Glut.
Du, Grün,
bist umschlossen von Liebe.

Hildegard von Bingen

Grün, oder besser Viriditas, die grüne Kraft, ist für Hildegard von Bingen die Grundenergie des Lebens schlechthin. Grünkraft ist ein Sinnbild für kosmische Ordnung, schöpferische Energie und Zeugungskraft, strahlende Lebensfreude und eine gesunde, sinnvolle Lebenseinstellung. Wenn die innere grüne Kraft welkt, braucht der Mensch in körperlicher wie geistiger Hinsicht Erfrischung und Erholung, bei der er seine Kräfte regenerieren kann.

Mit diesem Mandala kann man die Lebenskräfte im eigenen Körper wieder ergrünen lassen.

Teller aus Transylvanien; die drei Linien sind ein Symbol für Lebenskraft   S. 85 ▶

Prismenstern

Wenn im Unendlichen dasselbe
sich wiederholend ewig fließt,
das tausendfältige Gewölbe
sich kräftig ineinander schließt,
strömt Lebenslust aus allen Dingen,
dem kleinsten wie dem größten Stern,
und alles Drängen, alles Ringen
ist ewige Ruh' in Gott dem Herrn.

Johann Wolfgang von Goethe

Die ursprüngliche Idee eines Quilts war Resteverwertung. Sparsame amerikanische Siedlerfrauen nähten die vielen Stoffreste in ihrem Nähkorb zu bunten Flickendecken zusammen. Dabei gingen sie meist von den geometrischen Grundformen Viereck und Dreieck aus, setzten diese zu Streifen, Fächern, Windrädern, Blockhütten und besonders gern zu Sternen zusammen. Jeder Quilt war einmalig, entstanden in stundenlanger, oft stiller »Nähmeditation«, bei der unzählige Einzelteile sich zu einem neuen Ganzen verbanden. So ist die Kunst des Quiltens eine westliche, aus dem Alltag geborene, hoch entwickelte Mandala-Kunst der Frauen.

»Prism Star«, Baumwollquilt, Wisconsin, USA, 20. Jahrhundert   S. 87 ▶

Harmonische Entwicklung

*Wir träumen von Reisen durch das Weltall – ist denn das Weltall nicht in uns? Die
Tiefen unseres Geistes kennen wir nicht – nach Innen geht der geheimnisvolle Weg.
In uns, oder nirgends ist die Ewigkeit mit ihren Welten – die Vergangenheit und
Zukunft.*
Novalis

Eine kontinuierliche Entwicklung kennzeichnet dieses moderne Mandala. Harmonisch geht sie vom Dreieck im Zentrum aus und wandert dann als Viereck, Fünfeck,
Sechseck, Siebeneck schließlich ins große Ganze des Achtecks hinüber. Im Original
sind die Ränder der Vielecke dort mit farbigen Doppellinien gestaltet, wo sie zu zwei
Formen gehören. Der spiralige Aufbau der Formen folgt einer organischen Struktur,
die man beispielsweise von Schneckenhäusern kennt. Natürlich kann man den Weg
auch umgekehrt nach innen wandern, vielleicht in einem zweiten Malprozess mit
anderen Farbstimmungen.

Mandala, vereinfachte Darstellung nach einem Motiv von Max Bill in dem Zyklus
»15 Variationen über ein Thema«, 1935 – 1938   S. 89 ▶

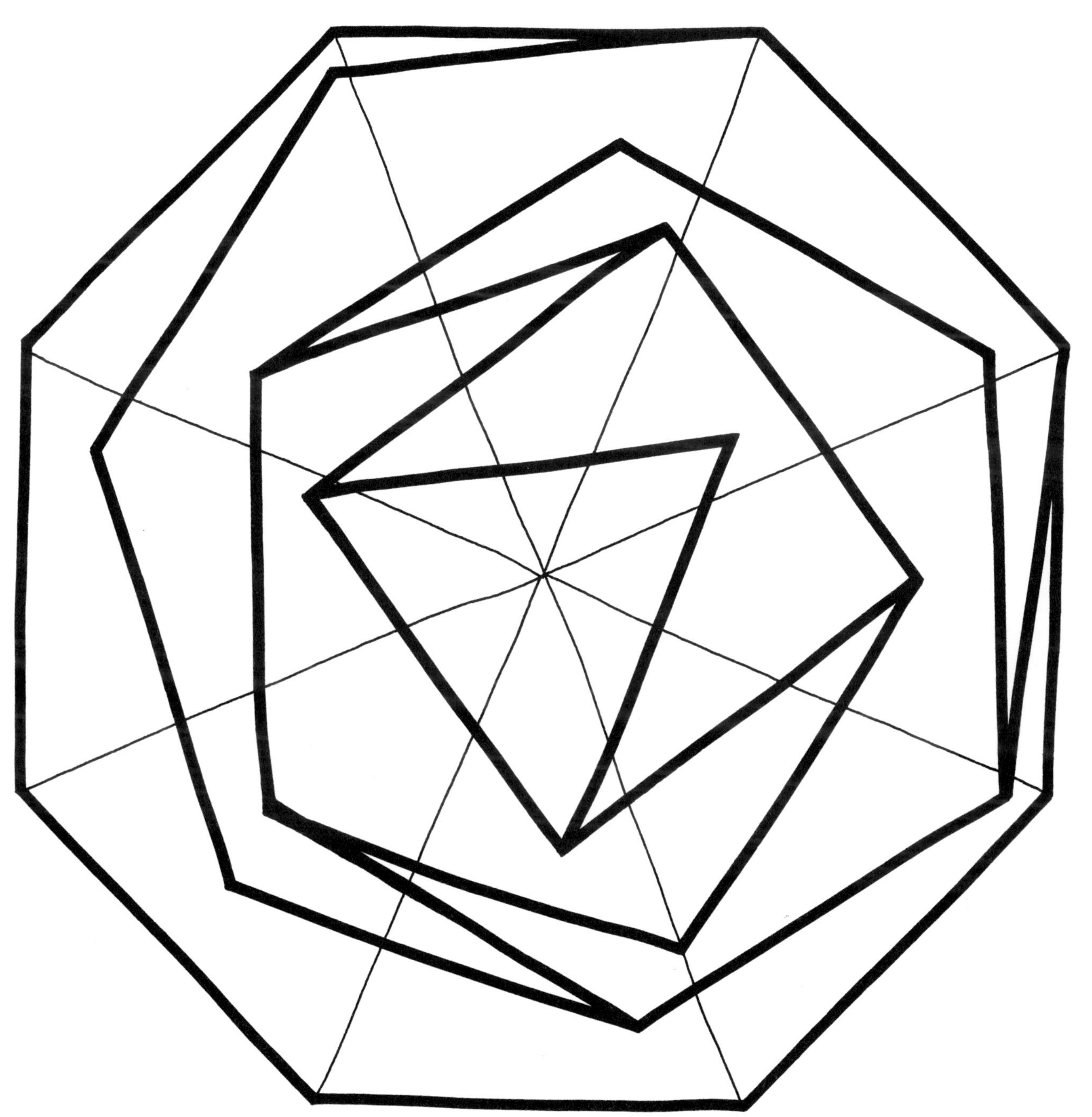

Elisabethanisches Ornament

Vertrauen wir unsere guten Wünsche Gott an und seien wir nicht in Sorge, ob sie fruchtbar werden, denn der uns die Blüte des Wunsches verliehen hat, wird uns auch die Frucht der Erfüllung schenken.

Franz von Sales

Dieses pflanzliche Ornament lebt von dem Gegensatz »kleine Mitte« – »große Ausdehnung«. Es eignet sich deshalb gut für eine Meditation zu Same und Frucht: Aus dem unscheinbaren Beginn im Kleinen kann Großes wachsen. Aus der inneren Konzentration entfaltet sich die Erweiterung unseres Bewusstseins.
Dabei ähneln sich Kern und Blüte. Die Form, die im Kleinen angelegt ist, vervielfältigt sich in ihrer Ausdehnung, bis sie den vorgegebenen Rahmen ganz ausfüllt.

Elisabethanische Holzschnitzerei aus dem Palast Montacute,
Somersetshire, England   S. 91 ▶

Schmetterlinge

Ich, Tschuang-tse, träumte einst, ich sei ein Schmetterling, ein hin und her flatternder, in allen Zwecken und Zielen ein Schmetterling. Ich wusste nur, dass ich meinen Launen wie ein Schmetterling folgte, und war meines Menschenwesens unbewusst. Plötzlich erwachte ich, und da lag ich: wieder »ich selbst«. Nun weiß ich nicht: War ich da ein Mensch, der träumt, er sei ein Schmetterling, oder bin ich jetzt ein Schmetterling, der träumt, er sei ein Mensch?
Zwischen Mensch und Schmetterling ist eine Schranke. Sie überschreiten wird Wandlung genannt.

Tschuang-tse

In Japan wird das Motiv des Schmetterlings als Zeichen der besonderen Glücksmomente im Leben gebraucht. Brautpaaren schenkt man darum zwei Papierschmetterlinge, die die Jungvermählten auf ihren Flügeln ins Glück tragen sollen.
Außerdem verehrt man in Asien die Nachtfalter, weil man in ihnen die Seelen der Verstorbenen sieht und sie für die Beschützer der Lebenden hält.
Dieses Mandala enthält die Einladung, sich beim Ausmalen an die glücklichen und behüteten Momente im Leben zu erinnern.

Tagfalter Troides hypolitus, Celebes, Indonesien,
nach einer Fotografie als Mandala gestaltet   S. 93 ▶

Alice im Wunderland

»Wir alle hier sind verrückt, weißt du«, sagte die Cheshire Katze.
»Ich bin verrückt. Du bist verrückt.«
»Woher willst du wissen, dass ich verrückt bin?«, fragte Alice.
»Selbstverständlich bist du verrückt«, sagte die Cheshire Katze.
»Nur verrückte Leute kommen hierher.«

Lewis Carroll

In diesem verrückten Labyrinth haben sich Alice und die Fabelwesen aus dem
Wunderland versteckt: das weiße Kaninchen, der verrückte Hutmacher, der Greif, die
Cheshire Katze, die Herzkönigin ...
Alice erlebt das Wunderland wie einen Irrgarten: Je mehr sie versucht, es zu
verstehen, je heftiger sie mit seinen Bewohnern argumentiert, desto verwirrender
erscheint ihr diese seltsame Welt, umso mehr schwankt ihre eigene Körpergröße.
Alice wird sich selbst fremd. Am Ende lehrt ein Irrgarten wie dieser: Verrückte
Erfahrungen können den eigenen Weg auf seltsame Weise vertiefen und zu einem
neuen, klaren Standpunkt führen.

Alice-im-Wunderland-Labyrinth, Merritown House, Dorset, England   S. 95 ▶

Doppelte Drehung

Der Herr sei dein Freund,
der dir die Erde schenkte
und den Himmel als Dach darüber.
Er mache deine Tage hell
wie das Glitzern der Gischt auf den Wogen,
weiß wie der Schnee in den Bergen,
wie das Wollgras im Feld,
wie das Gewand eines Engels.

Aus Irland

Sicher kennen Sie das: Unser Alltag mit seinen Anforderungen in Beruf und Familie entwickelt eine Art doppelte Zentrifugalkraft. Jedes Feld lässt uns rotieren und hat die Tendenz, uns aus der Mitte zu ziehen, uns extrem zu beanspruchen, manchmal sogar schier zu spalten. Diese entgegengesetzten Zugkräfte nach außen sind enorm. Darum braucht es eine Gegenbewegung durch unsere innere Zugkraft, die für Beruhigung, Halt und Zentrierung sorgt.
Mit diesem Mandala kann man die stillen Kräfte im Inneren trainieren, die man braucht, wenn sich »mal wieder alles zu schnell dreht«.

Keltisches Spiralendekor, Illustration im »Book of Kells«,
Trinity College Library, Dublin, Irland, 9. Jahrhundert   S. 97 ▶

Die fünf Sinne

Das Herz gleicht einem Wasserbecken und die fünf Sinne fünf Bächen, durch die das Wasser sich von außen in das Becken ergießt. Wenn du willst, dass das klare Wasser aus dem Grunde des Beckens emporquellen soll, so musst du jenes Wasser ganz daraus entfernen und all den schwarzen Schlamm, den es mitgeführt hat, heraustun und all die Bäche verstopfen, so dass durch sie kein Wasser mehr hineinkommt, und dann den Grund des Beckens aufgraben, damit das reine klare Wasser aus dem Inneren des Beckens emporquillt.
Solange aber das Becken mit dem Wasser, das von außen kam, angefüllt ist, ist es unmöglich, dass das Wasser aus dem Innern aufquillt. So kann auch jenes Wissen, das aus dem Innern des Herzens aufsteigen soll, nicht aufquellen, solange das Herz nicht frei ist von allem, was von außen hereingekommen ist.

Al Ghasali

Mandalas lassen sich als Filteranlagen verstehen. Sie trennen Wichtiges von Unwichtigem, und zwar durch die Kraft ihrer Drehbewegung. Viele Kläranlagen für Abwasser funktionieren nach dem gleichen Prinzip: Durch die Zentrifugalkraft bleiben die schweren Stoffe im Zentrum, die leichteren werden nach außen geschwemmt und fortgespült.
Bei der farbigen Ausgestaltung dieses Mandala kann man die zentrierende Kraft der Spiralen gut empfinden. Probieren Sie es selbst aus, wie die Wirbel im Uhrzeigersinn nach außen und gegen den Uhrzeigersinn in die Mitte führen.

Jugendstil, Buchillustration, um 1910   S. 99 ▶

Straßburger Stern

Ich habe es einmal gesehen, das
Einzige, das meine Seele suchte;
und die Vollendung, die wir über
die Sterne hinauf entfernen,
die uns hinausschieben bis ans
Ende der Zeit, die habe ich
gegenwärtig gefühlt. Es war da,
das Höchste, in diesem Kreis
der Menschennatur und der Dinge
war es da.

Friedrich Hölderlin

Die Neugotik hat den reizvollen gotischen Dialog der geometrischen mit den
natürlichen, blatt- und blütenartigen Formen wieder aufgenommen. Nach der
höchsten Vollendung strebend, hat sich das gotische Bauprinzip immer darum
bemüht, Sinnliches und Geistiges zu verbinden.
Erleben Sie die Drehung des einfachen Sterns in der Mitte, der sich immer weiter
nach außen streckt. Dabei bekommt er Kontakt mit den wirbelnden Blüten innerhalb
des Kreises, und schließlich durchstoßen sogar einzelne Blätter die Grenzen des
umgebenden Blütenbandes.

Detail eines neugotischen Glasfensters in St. Thomas,
Straßburg, Frankreich, um 1860   S. 101 ▶

Vier-Tempel-Mandala

Der gelbe Kaiser wanderte einmal nördlich des Roten Wassers, erklomm die Hänge des Berges K'unlun und ließ seinen Blick südwärts schweifen, über die ganze Welt. Nach seiner Rückkehr entdeckte er, dass er seine »Dunkeltrübe Perle« verloren hatte. Da sandte er Wissen aus, sie zu suchen, aber Wissen konnte sie nicht finden. Da sandte er Scharfblick aus, sie zu suchen, aber Scharfblick konnte sie nicht finden. Da sandte er Beweiskraft aus, sie zu suchen, aber Beweiskraft konnte sie nicht finden.
Schließlich probierte er es mit Von-Ungefähr, und Von-Ungefähr fand sie.
Der gelbe Kaiser sagte: »Wie merkwürdig, dass ausgerechnet Von-Ungefähr imstande war, sie zu finden!«

Tschuang-tse

Tempel und Kontemplation haben die gleiche sprachliche Wurzel. So, wie sich im Tempel die Gläubigen sammeln, sammelt man bei der Kontemplation die inneren Kräfte auf einen Punkt. Kontemplation heißt, den »inneren Tempel« aufzusuchen und darin achtsam zu verweilen. Weder Wissen noch Scharfsinn, noch Beweiskraft öffnen die Tore zu diesem heiligen Innenraum. Eine gewisse aufmerksame Absichtslosigkeit dagegen findet oft den unmittelbaren Zugang zur geheimnisvollen »Perle« im Innersten unseres Herzens.
Ob es Ihnen gelingt, beim Malen dieses Mandala alle absichtsvollen Gestaltungswünsche und Selbst-Ansprüche loszulassen und sich dem »Von-Ungefähr« zu überlassen?

Mandala auf einem tibetischen Seidentuch, 19. Jahrhundert   S. 103 ▶

Eierschale

Wer nicht wächst, schrumpft ein.
Ich halte es für unmöglich,
dass die Liebe sich damit begnügt,
ständig auf der Stelle zu treten.
Teresa von Avila

Das Ei ist eines unserer beliebtesten Ostersymbole für die Auferstehung. Seine
Quintessenz ist das neue Leben, das in ihm verborgen steckt und ans Licht kommen
will. Die feste Schale, die schließlich zertrümmert wird, schützt und bewahrt dieses
Neue nur für eine bestimme Zeit; so verkörpert sie im geistigen Sinne auch den
»begrenzten Gesichtskreis« des Menschen, der irgendwann überholt ist und
zerbrechen darf, um ein größeres Wachstum zu ermöglichen.
Meditieren Sie beim Malen dieses 5000 Jahre alten Mandala Ihre persönlichen
Wachstumsmöglichkeiten, die »noch in der Schale stecken«. Sie können die Eier
auch beschriften oder mit symbolischen Zeichen bestimmten Bereichen zuordnen.

Schale mit Eiermotiv, Mittelmeerraum, um 3000 v. Chr.   S. 105 ▶

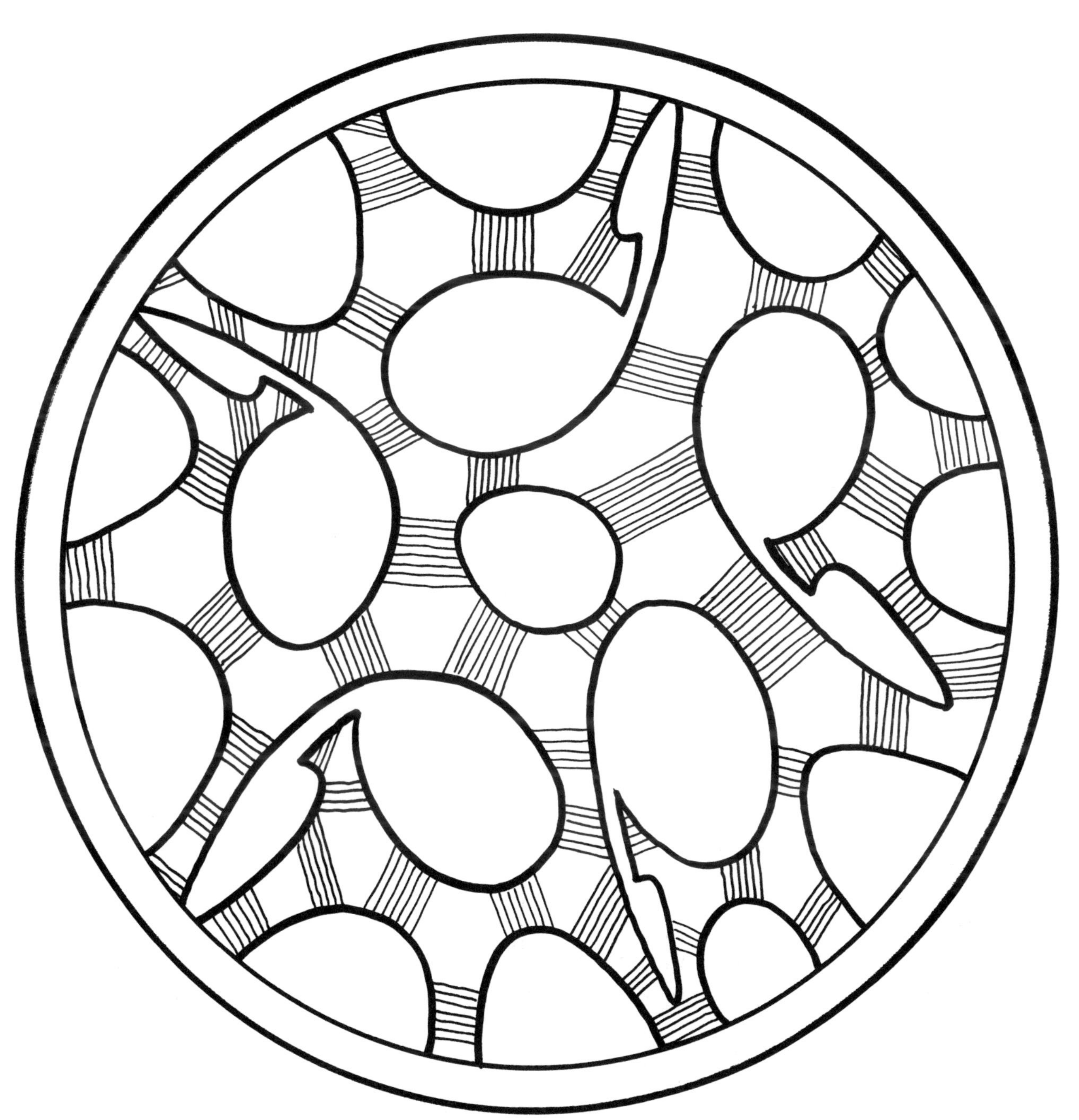

Fenster von Soissons

Es ist sehr schwer heute, allein zu sein, weil es Uhren gibt. Haben Sie je einen Heiligen mit Uhr gesehen? Ich habe keinen finden können, selbst unter jenen Heiligen nicht, die als Schutzpatrone der Uhrmacher gelten. Sehen Sie, wie wohl fühlen wir uns in diesem Augenblick beim Gespräch! Wir könnten so wahrscheinlich jahrelang fortfahren und hätten uns noch vieles zu sagen. Nach zehn Jahren wären wir noch da, zufrieden, da zu sein, und noch immer ins Gespräch vertieft.

Pablo Picasso

Wer sich einem Mandala widmet, nimmt Auszeit. Beim Betrachten, beim Ausmalen lernt man, der inneren Uhr zu vertrauen und seinem ganz persönlichen inneren Rhythmus zu folgen. Überraschenderweise gelingt das auch, wenn man in einer Gruppe gemeinsam mit anderen Mandalas ausmalt. Wo am Anfang noch kontrollbedürftig nach der Zeit gefragt wird, die man denn zur Verfügung habe, stellt sich nach einer Weile deutlich fassbar ein anderer Pulsschlag in der Gruppe ein. Die einzelnen Teilnehmer haben sich ihrem inneren Zeittakt überlassen.
Die Optik dieses Mandala erinnert manchen an eine Art natürlichen Kompass, der mit pflanzlichen Elementen gestaltet wurde. Er weist mich hin auf Zeit, die mir zuwächst.

Neugotisches Glasfenster in der Kathedrale von Soissons, Frankreich, um 1850   S. 107 ▶

Vierfacher Knoten

Es waren einmal zwei Mönche, die lasen miteinander in einem alten Buch, am Ende der Welt gäbe es einen Ort, an dem Himmel und Erde sich berührten und das Reich Gottes begänne. Sie beschlossen, ihn zu suchen und nicht umzukehren, ehe sie ihn gefunden hätten. Sie durchwanderten die Welt, bestanden unzählige Gefahren, erlitten alle Entbehrungen, die eine Wanderung durch die ganze Welt fordert, und alle Versuchungen, die einen Menschen von seinem Ziel abbringen können. Eine Tür sei dort, so hatten sie gelesen. Man brauchte nur anzuklopfen und befände sich im Reiche Gottes. Schließlich fanden sie, was sie suchten. Sie klopften an die Tür, bebenden Herzens sahen sie, wie sie sich öffnete. Und als sie eintraten, standen sie zu Hause in ihrer Klosterzelle und sahen sich gegenseitig an. Da begriffen sie: Der Ort, an dem das Reich Gottes beginnt, befindet sich auf der Erde, an der Stelle, die Gott uns zugewiesen hat.

Quelle unbekannt

Es ist ein alter, in vielen Kulturen bekannter Ritus, sich einmal in Nord-Süd- und danach in West-Ost-Richtung hinzustellen. Im Tanz oder in der meditativen Stille ließen sich so alle vier Himmelsrichtungen »erfassen«. Die Energie der Ganzheit konnte man in der Polarität der beiden Richtungen empfangen.
Dieses keltische Flechtmuster erinnert an solche Riten. Die zunächst verwirrend erscheinenden Formen lösen sich bei längerer Betrachtung in zwei um 90 Grad verdrehte Strukturen auf. Deshalb ist diese Figur gut geeignet, in Zeiten der Verwirrung für Klarheit und Orientierung zu sorgen.

Keltisches Flechtmuster auf einem Sakramentar (Buch zur Liturgie) in der Kathedrale von Reims, Frankreich, 12. Jahrhundert   S. 109 ▶

Mandala von Nishapur

Das Ende der Erkenntnis ist,
dass der Mensch zu dem Punkt gelangt,
an dem er sich am Anfang befand.
Abu Yazid al-Bistâmi

Wenn eine gebogene Linie auf eine andere trifft, so soll sie nicht in einem rechten Winkel auftreffen, sondern die beiden Linien sollen sich einander annähern, bis sie zusammenfließen. Dieses formale Grundprinzip findet sich überall in der Natur. Die orientalischen Kulturen, die sich vor allem Blumen- und Blattmotive als Vorbilder ausgesucht haben, halten sich strikt daran.
Solche Übereinstimmungen mit der Natur geben den Ornamenten einen unmittelbaren Charme, den Kunsthistoriker gern als »Melodie der Form« bezeichnen. Gemeinsam mit einem anderen Grundsatz, dem der »wiederkehrenden Asymmetrie«, lässt sie solche dynamischen, herzförmigen Strukturen wie diese entstehen. So kommt zur Melodie der Refrain.
Versuchen Sie, beim Malen die wiederkehrenden, bei jeder Wiederholung aber leicht variierten Melodien dieses Mandala zu hören.

Stucktäfelung aus Nishapur, Iran, 10. Jahrhundert   S. 111 ▶

Die Sonne beider Welten

Zwei Sonnen gibt es:
Eine scheint auf die Welt, die andere auf die Seele.
Jene, die auf die Welt scheint, vertreibt die Finsternis,
die andere, die auf die Seele scheint, vertreibt die Furcht.
Wenn die eine aufgeht, vergehen die Himmelskörper,
wenn die andere aufgeht, vergehen die Fesseln.
Doch die Sonne ist unteilbar in ihrer Helligkeit;
weder gebührt sie den Leuten,
noch sind diese ihrer würdig.
Jeder wird im Maße seines Ranges ihrer teilhaftig.
Der, der sich am Anschauen durch das eigene Auge erfreut,
wird mit dem Anblick der Sonne belohnt;
der, den es erfreut, dass die Sonne ihn betrachtet,
wird mit dem ewigen Blick erfreut.

Aus Persien

Diese Sonne pulsiert in ihrem heißen Kern und setzt ihre ungeheure Energie in verschiedene Sphären frei. Wer das belebende Gefühl der warmen Sonnenstrahlen auf der bloßen Haut liebt, weiß, wie viel positive Energie in uns durch Licht und Wärme freigesetzt werden kann. Im Winter hungert unsere innere Sonne nach der äußeren.
Im spirituellen Bewusstsein ist es umgekehrt: Der Meditierende erfährt, dass die äußere Sonne nur darauf wartet, dass die innere Sonne zu strahlen beginnt.
Dieses Mandala hilft, die eigene innere Ausstrahlungskraft zu aktivieren. Das Sonnensymbol mobilisiert außerdem Hoffnung, reine Absichten und Wahrheitsliebe.

Barockes Schema von Robert Fludd, Utriusque Cosmi (»beide Welten«),
alchemistische Tradition, 1619   S. 113 ▶

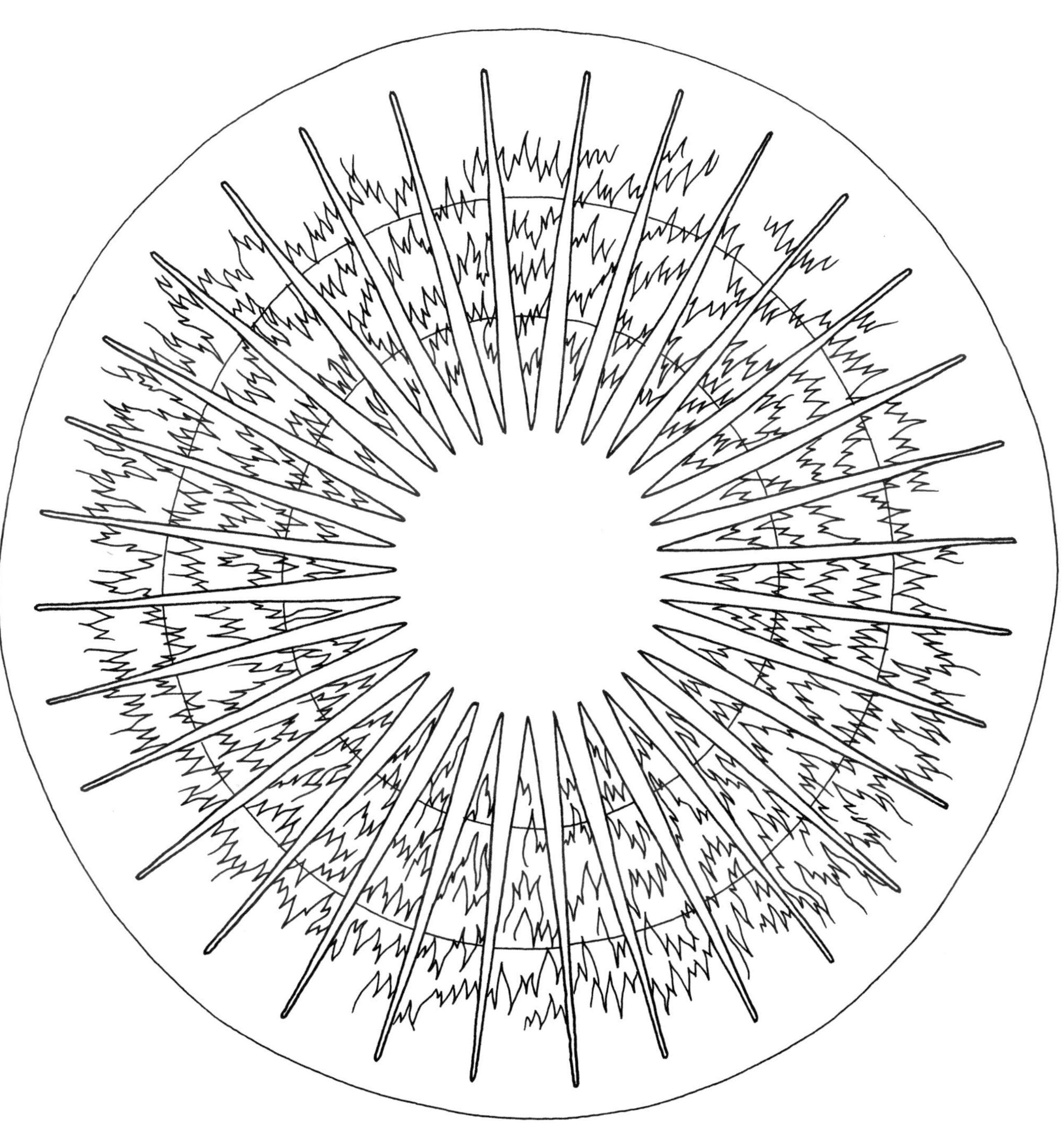

Polynesische Blüte

Das Pflanzenreich öffnet sich wie eine Blume
aus dem Erdmittelpunkt heraus,
worin die Ewigkeit begründet liegt.

William Blake

Kunst schafft Neues, indem sie das auf neue Weise wiedergibt, was in der Natur zu finden ist. Natur ist die Urform, der wir uns nähern, indem wir uns gleichzeitig von ihr entfernen. Nirgends ist das unmittelbarer zu spüren als in den unbekümmerten, niemals übertriebenen Blütenmotiven der Südseebewohner.
Eine heitere Stimmigkeit wächst daraus hervor. Sie wird sich auf Sie übertragen, wenn Sie mit ganz wenigen Farben diese Urformen nachzeichnen und ausfüllen.

Blütenteller aus Polynesien, Stoffdruck   S. 115 ▶

Theobalds Labyrinth

Die Linien des Lebens sind verschieden,
wie Wege sind und wie der Berge Grenzen.
Was hier wir sind, kann dort ein Gott ergänzen
mit Harmonien und ewigem Lohn und Frieden.

Friedrich Hölderlin

Ein Labyrinth hat die Kraft, den Geist wirkungsvoll zu seinem zentralen Ursprung zurückzuholen. Im Herzen eines Labyrinths steckt eine starke Sogkraft, die mich nach innen zieht. Das Spannende dabei ist, dass ich beweglich dabei bin, meine Position ständig verändere auf das eigentliche Ziel hin. Selbst wenn ich ihm schon ganz nahe bin, kann noch einmal eine weit ausholende Wegstrecke nötig sein, die mich am meine Grenzen führt. Genau darin liegt aber auch eine Erweiterung: Ich gewinne an Orientierung und kann mich dann noch bewusster meiner Mitte nähern.

Labyrinth bei Theobalds, Hertfordshire, England   S. 117 ▶

Georgisches Engels-Mandala

Siehe, ich sende einen Engel vor dir her,
um dich auf dem Weg zu behüten
und dich an den Ort zu bringen,
den ich für dich bestimmt habe.

2. Buch Mose 23,20–21

Die vier kreuztragenden Engel sind vermutlich die vier Erzengel Michael, Gabriel,
Raphael und Uriel. Seit Urzeiten gelten die Engel als Begleiter des Menschen,
Repräsentanten des Göttlichen, Botschafter der Transzendenz. Wo immer Engel
einem Menschen begegnen, wird dieser sich der Gegenwart und Nähe Gottes
bewusst. Am verbreitetsten ist sicher der Glaube, mit einem Engel an der Seite
unter einem ganz besonderen Schutz zu stehen.
In Zeiten, in denen Sie sich selbst oder einen anderen Menschen unter göttlichen
Schutz stellen möchten, wird Ihnen dieses Engels-Mandala gut tun.

Himmelfahrt des Kreuzes, byzantinischer Fassadenschmuck aus Kazchi,
Georgien, 11. Jahrhundert   S. 119 ▶

Ashanti

Aus jedem Punkt im Kreis zur Mitte geht ein Steg,
vom fernsten Irrtum selbst zu Gott zurück ein Weg.
Welch Herz noch etwas liebt, das ist noch nicht verlassen,
ein Fäserchen genügt, Wurzeln in Gott zu fassen.

Friedrich Rückert

Vielfältige Zahlensymbolik durchzieht dieses einfache Dekor: in der Mitte ein zehnstrahliger Stern, umgeben von einem elfzackigen Strahlenkranz. Von ihm führen fünf Wege mit je neun Stufen nach außen, und je sieben Wellen füllen den Raum dazwischen. Es kann ruhig offen bleiben, ob dabei jede Zahl eine tiefere Bedeutung hat. Diese Figur bekommt ihren Reiz durch die Vielfalt der darin enthaltenen Ziffern.

Der Afrikaner erlebt sich immer in der Gemeinschaft, und so könnte man die vielfältigen Elemente dieser Ritzarbeit als eine Art Umsetzung seiner Gemeinschaftserfahrung verstehen.

Bei Mandalas wie diesen können Sie beim Ausmalen Zahlen sinnlich erleben, und mit den Farben lassen sich neue Zusammenhänge herstellen. Assoziieren Sie frei, was Sie bei den einzelnen Zahlen empfinden. Dieses Mandala eignet sich auch sehr gut für eine Malerfahrung zu zweit.

Ashanti Messingdeckeldekor, Ghana, Afrika   S. 121 ▶

Drei Blätter

Beneidenswerte Ahornblätter!
Schön ist es, wunderbar zu werden
und dann zu fallen.

Japanisches Haiku

Mandalas umschließen immer auch die ganz großen Erfahrungen des Lebens bis hin
zum Tod. »Wunderbar werden« als Vorbereitung des Vergehens ist ein natürlicher
Prozess. Im Englischen heißt der Früchte bringende Herbst »fall«, Zeit des Fallens.
Was fällt Ihnen dazu ein? Was ist Ihnen alles zugefallen? Was würden Sie gerne
fallen lassen?
Die Blätter dieses Mandala kann man farblich so gestalten, dass gleichzeitig
verschiedene Stufen der herbstlichen Fülle, des Übergangs und Loslösens sichtbar
werden.

Dekor an einem Brunnen, Wells, England, Mittelalter   S. 123 ▶

Persisches Rad

Wir Menschen, von Deiner vollkommenen Schönheit hingerissen, sehen in allen Horizonten nichts als Deine offenkundigen Zeichen ...

Aus einem persischen Gebet

Im Islam hält man sich streng an das Bilderverbot aus dem Alten Testament. Dafür spielt die Schrift für Muslime eine umso größere Rolle. Je kunstvoller die 99 Namen Gottes oder Textausschnitte des Korans in ein Ornament integriert werden, desto größer in islamischer Sicht das Verdienst des Künstlers. Kalligrafen (Schriftgestaltern) gebührt darum der allerhöchste Rang.
»Islam« bedeutet »Hingabe«, und mit diesem Mandala kann man sich der Erfahrung von heiligen Zeichen hingeben, die man vielleicht nicht direkt lesen, aber doch als Ausdruck menschlicher Hingabe intuitiv verstehen kann.

Bemalte Schale, islamisch, Nishapur, 10. Jahrhundert   S. 125 ▶

Mondscheiben

Der Mond ist,
weil sein Licht fruchtbare Feuchtigkeit erzeugt,
freundlich gegenüber jungen Tieren
und knospenden Pflanzen.
Tatsächlich, die Taten des Mondes sind
Taten der Vernunft
und der vollkommenen Weisheit.
Plutarch

Der Mond wechselt im Laufe eines Monats mehrfach die Gestalt. Man kann seine silberne Sichel zu- und abnehmen sehen. Man kann den aufgehenden Neumond betrachten und den mild glänzenden Vollmond erleben. Mit seiner Wandlungsfähigkeit wird der Mond dem weiblichen Körper und Zyklus zugeordnet. Unter seinem Zeichen regierten viele Göttinnen, die den Frauen weibliche Schönheit und Tugend verliehen, Fruchtbarkeit schenkten und bei der Geburt beistanden. Als Licht der Nacht und des Unbewussten verkörpert die sanft schimmernde Scheibe auch die weiblichen Persönlichkeitsanteile des Mannes.
Wenn Sie sich in einer Zeit des Wechsels und Überganges oder in einer »weich« gestimmten Phase befinden, können Sie sich mit diesem Mandala Ihrem »lunaren Bewusstsein« öffnen.

Traditionelles Ornament mit zunehmenden und abnehmenden Mondscheiben,
Westafrika, 19. Jahrhundert   S. 127 ▶

Netz der Mamelucken

Ich, dein Gott, war ein verborgener Schatz
und sehnte mich danach, erkannt zu werden;
deshalb schuf ich die Welt.

Hadith des Propheten Mohammed

Auf dem Weg zu einer neuen Gegenwart muss man die alten Netze zurücklassen.
Dazu muss man sie aber erst einmal erkennen. Oft sind sie unsichtbar, verborgen:
das Netz festgefahrener Gewohnheiten, das Netz allzu starrer Wertvorstellungen, das
Netz rein materieller Denkweisen, das Netz trügerischer Selbsteinschätzungen ... Es
gibt Netze, die halten Körper, Geist und Seele gefangen. Und es gibt Netzwerke, die
Leben schützen und bewahren, die sicheren Halt geben, feste Verbindungen herstel-
len und trotzdem elastisch sind und nicht einengen.
Entdecken Sie mit diesem islamischen Mandala Ihre ganz persönlichen Netzwerk-
Erfahrungen.

Koraneinband, Mameluckische Tradition,
Kairo, Ägypten, 14. Jahrhundert   S. 129 ▶

Granada

Wie ein Rad seine Er-fahrungen macht,
so ließ Gott den Menschen durch seinen Lebensgeist
über die Sinne mit allen Dingen Umgang nehmen
und seine eigenen Erfahrungen finden.
Und wie weiter am Beispiel des kreisenden Rades
gezeigt werden soll, kehrt dieser Mensch
doch immer wieder zu ihm zurück.

Hildegard von Bingen

Das Rad ist ein zentrales spirituelles Symbol in vielen mystischen Traditionen, weil es die innere Ruhe der Nabe mit der äußeren Aktivität von Speichen und Felge vereint.

Das vorliegende Muster, aus einem Grundriss entwickelt, lässt einen gut die doppelte Dynamik eines Rades erleben. Zum einen gibt es eine Bewegung nach innen. Die acht Dreiecke im inneren Kreis deuten auf das Zentrum, auf einen nicht ausdrücklich angezeichneten, aber deutlich spürbaren Mittelpunkt. Zum anderen führen die Speichen des Rades nach außen und verbinden das unbewegte Zentrum mit den kräftigen Strukturen an der Außenseite.

Mandala, basierend auf der verdoppelten Apsis der Kathedrale von Granada, Spanien (1523–1703)   S. 131 ▶

Die Schlange

Eines ist Alles,
bei ihm ist alles,
in ihm ist alles.
Die Schlange ist das Eine.
Sie hat zwei Symbole,
Gut und Böse.

Aus einem griechischen Traktat des 11. Jahrhunderts

Die Schlange, die sich in den eigenen Schwanz beißt, wird »Ouroborus« genannt.
Im Koptischen bedeutet »Ouro« »König«, und »Ob« heißt im Hebräischen »Schlange«.
In alchemistischen Schriften steht sie als Symbol für den Weltgeist, der über Leben
und Tod bestimmt und alle Formen annehmen kann. Der Ouroborus ist also alles
und auch nichts. Auch in unseren Träumen taucht die Schlange als mehrdeutiges
Transzendenzsymbol auf. Sie erschreckt uns, kann (besonders als weiße oder
goldene Schlange) aber auch Heilung und Integration bringen.

Barocke Buchillustration, Amsterdam, 17. Jahrhundert   S. 133 ▶

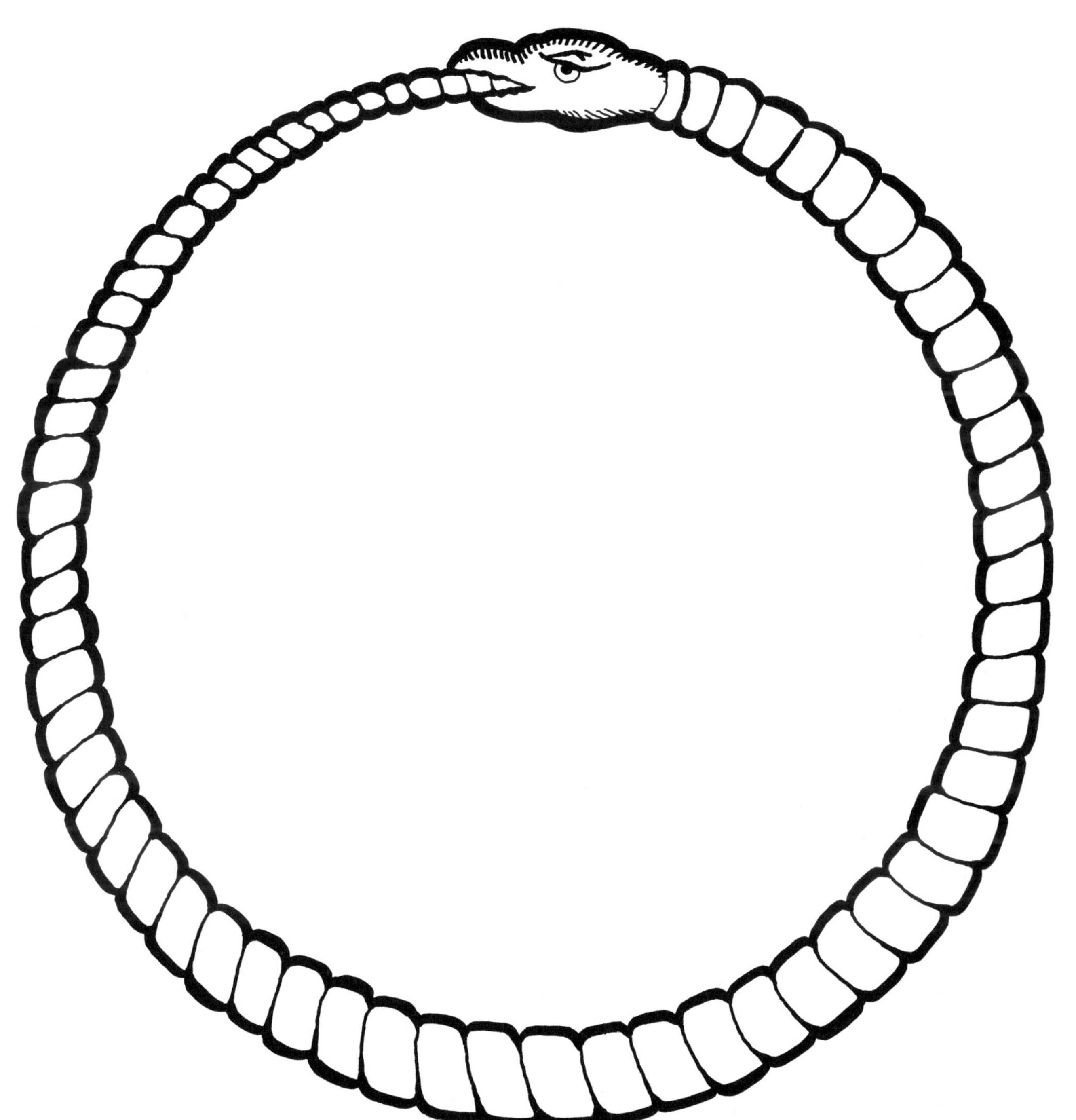

Die Blumen von Kairo

In der Schöpfung liegen Geheimnisse,
die sich Quellen gleich plötzlich ergießen –
fort und fort.

Aus dem Sufismus, der islamischen Mystik

Im Mandala rechts tanzen die Blumenornamente förmlich um eine geheimnisvolle
Mitte. Die Schöpfung ist ein Geheimnis, sagt dieser arabische Blumenreigen, aber
keines, das sich nicht irgendwann als Quelle allen Seins erschließen lässt. Vielleicht
weniger dadurch, dass man es gedanklich zerpflückt, sondern eher dadurch, dass
man es verehrt und sich selbst als einen Teil dieses Geheimnisses verstehen lernt.

Arabisches Ornament aus leicht erhabenem weißen Marmor,
Privathaus in Kairo   S. 135 ▶

Felsenblüte

Wir wissen nicht,
womit der Steinbrech
Steine bricht.
Er übt die Kunst auf
seine Weise
und ohne Lärm. Gott
liebt das Leise.

Karl Heinrich Waggerl

Der Steinbrech (Saxifraga) galt bei den Germanen als Pflanze mit wundertätiger
Kraft. Sein Standort hoch in den Bergen »nahe den Wolken«, seine Fähigkeit, sich
auch in finsteren Klüften in den Fels zu klammern, ließen ihn als Verbündeten
geheimnisvoller, »ewiger« Kräfte erscheinen. Der Steinbrech kann tatsächlich
Steinböden auflösen und so lebensnotwendige Mineralien aufnehmen.
Ein Mandala, um die eigene Widerstandskraft zu meditieren und Energie zum
Durchhalten zu mobilisieren.

Traubenblütiger Steinbrech, nach einer Fotografie von Karl Blossfeldt,
»Urformen der Kunst«, 1929   S. 137 ▶

Der Palast der neun Wege

Konfuzius sagte: »Ich möchte lieber nicht reden.«
Da sagte sein Schüler Tze-kung: »Wenn du, Meister, nicht redest, was sollen dann
deine Jünger aufzeichnen?«
Da sprach der Meister: »Redet denn der Himmel etwa? Und trotzdem gehen die vier
Jahreszeiten ihren Gang, und alle Kreatur entsteht. – Redet etwa der Himmel?«
Konfuzius

Quadrat und Kreis sind das Thema dieses Mandala. Das Quadrat ist das Symbol
der Welt, der irdischen Ganzheit. Der Kreis ist Inbegriff der Vollendung und
repräsentiert damit die Welt des Göttlichen. Bilder wie dieses fordern dazu auf,
das Irdische in uns zum Göttlichen hin reifen zu lassen. Das indische Original hat
einen Teil der Quadrate mit sehr dunklen Farben versehen und drückt damit aus,
dass wir unsere Ganzheit nur mit dem Bewusstwerden unserer Schattenseiten
verwirklichen können.
Wenn Sie sich in diesem Mandala auf die Suche nach sich selbst begeben, denken
Sie daran, dass von der Mitte her gesehen auch unsere problematischen Persönlichkeitsanteile zum Ganzen gehören, die wir so gerne ausblenden und verdrängen.

Mandala zur Versenkung,
Dschaipur, Staat Radschastan, Indien, 18. Jahrhundert   S. 139 ▶

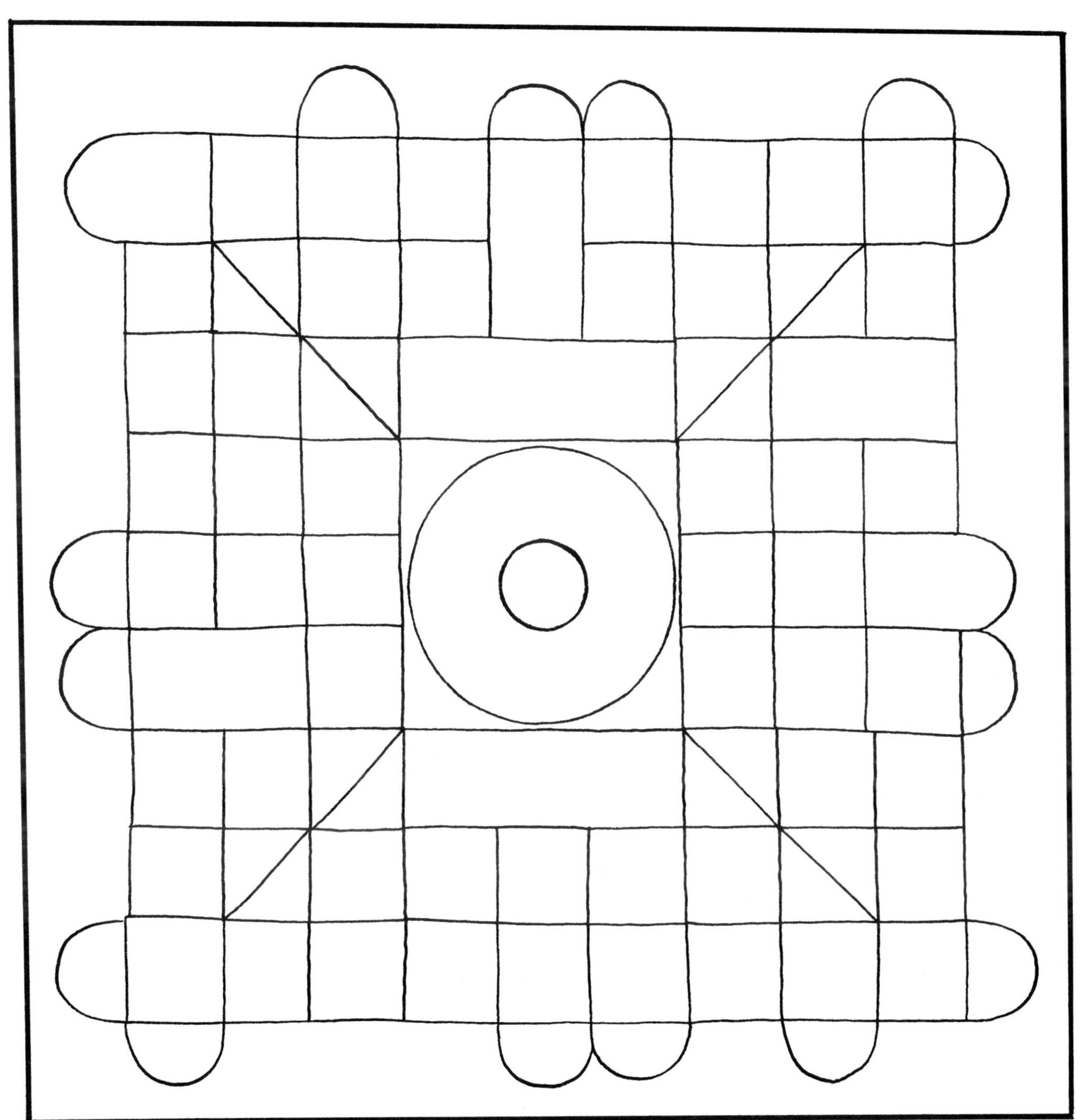

Rosette von Chartres

Die ein gutes Leben beginnen wollen,
die sollen es machen wie einer,
der einen Kreis zieht.
Hat er den Mittelpunkt des Kreises
richtig angesetzt und steht der fest,
so wird die Kreislinie gut.
Das soll heißen:
Der Mensch lerne zuerst,
dass sein Herz fest bleibe in Gott,
so wird er auch beständig werden
in allen seinen Werken.

Meister Eckhart

Seltsamerweise hat die Wiederholung von Elementen im Mandala nichts Eintöniges oder Ermüdendes an sich. Im Gegenteil: Die Wiederkehr erscheint sinnvoll und zwingend von innen her wachsend. Ist sie aus der Mitte geboren und nicht von fremder Hand oder äußeren Kräften aufgezwungen, ermöglicht sie ein hohes Maß an seelischer Stabilität. Rituale gewinnen ihre Kraft aus der zuverlässigen Wiederholung. Die wiederkehrende Kreisform in dieser Fensterrose aus Chartres ist ein gutes Plädoyer für die stabile Energie und die festigende Wirkung der Wiederholung. Haben Sie schon ein festes Ritual beim Mandala-Malen entwickelt?

Rosette, Querschiff der Kathedrale von Chartres, Frankreich,
erste Hälfte 13. Jahrhundert   S. 141 ▶

Yorkshire-Labyrinth

Gott finden wir am sichersten in unserem Innern.

Meister Eckhart

Jedes Labyrinth, so geheimnisvoll verschlungen es auch ist, hat einen Eingang.
Labyrinthe öffnen sich für Sucher, die offen sind für das Unerwartete. Wohin der
Weg auch führen mag, finden kann ihn nur der, der Offenheit mitbringt und bereit
ist, dem Ungewissen entgegenzugehen.
Dieses Labyrinth ist rund wie ein O, der Anfangsbuchstabe von Offenheit, gestaltet.
Offenheit ist gewissermaßen der rote Faden, der sich durch dieses Labyrinth schlän-
gelt und den Weg freigibt.

Labyrinth von Ripon Common,
North Yorkshire, England, heute zerstört   S. 143 ▶

Sumerisches Siegel

Mache, dass ich so fest vereinigt werde mit dir:
wie ein Siegel mit dem Briefe, dass, wenn man das Siegel
herunter haben will, man den Brief mit zerreißen muss;
dass, wenn ich von dir getrennt werden sollte,
man uns eben zerreißen müsste,
dass uns auch kein Todesbann ewiglich mehr trennen kann.
So setze mich einmal auf dein Herz!
So nimm mich auf deinen Arm!
Umfasse mich nicht nur, sondern halte mich!
Grabe dich ein! Bleibe hängen!
Lass mich nicht wieder los!

Nikolaus Ludwig Graf von Zinzendorf

Können Sie Fehler machen? Absichtlich? Bei ihren Sand-Mandalas und beim Teppichweben bauen die Indianer Nordamerikas traditionellerweise oft ganz bewusst einen »Fehler« in ihre Muster ein, damit der Große Geist leichter eindringen kann. Die Unvollkommenheit ihres »Werkes« erlaubt ihnen, das Vollkommene bei Gott zu lassen und gelassener mit sich und anderen umzugehen. Das Perfekte entbehrt oft sogar einer gewissen lebendigen Harmonie, die erst durch das Zulassen und Geltenlassen von leichten Unregelmäßigkeiten entsteht.
Dies ist das ältestdatierte Mandala in diesem Buch, rund 6 000 Jahre alt. In seiner archaischen Struktur stecken Unregelmäßigkeiten und allerhand »Fehler«. So kann das, was mir fehlt, also noch nicht in mir ist, leichter zu mir kommen.

Sumerisches Petschaft mit kreuzförmigem Motiv,
Susa, um 4000 v. Chr.   S. 145 ▶

Das Element Gold

Reise! Du findest Ersatz für die, welche du verlässt. In ruhigem Bleiben liegt weder Ruhm noch Geschicklichkeit, sondern im Reisen und Handeln.
Die ruhige, ungestörte Oberfläche des Wassers verdirbt, wenn Winde sie nicht in Bewegung setzen. Stürmen aber diese auf sie ein, so wird das Wasser erst gut.
Die Sonne sogar, bliebe sie stets am Firmament, so würde sie den Weltbewohnern bald zur Last werden. Verließe der Löwe nicht den Wald, so würde er selten Beute finden; und verließe der Pfeil nicht den Bogen, so würde er nie treffen.
Bliebe das Gold immer in den Minen, so würde es nicht so hoch geachtet werden, und das köstliche Aloeholz ist in seinem Lande nur ein gewöhnliches Holz.
Aus »Tausendundeine Nacht«

Das Verlangen nach Gold hat Abertausende in Bewegung gesetzt und zu Schatzsuchern werden lassen. Die allermeisten suchten nach einem realen Schatz, nur wenige verstanden darunter die Suche nach dem höchsten inneren Persönlichkeitswert, der jede Mühe bei der inneren Suche lohnt. Das echte wie das innere Gold ist verborgen. Man muss es unter Anstrengungen finden, freilegen und fördern. Dieses Gold-Mandala bringt Ihnen alles näher, was Sie mit höchstem Wert ausstatten: ein Schatz aus echtem Gold, ein goldenes Herz, das goldene Zeitalter, aber auch höchste Würde, Liebe, Gnade, Gott ...
Noch ein Maltip für dieses Mandala: Vielleicht liegt ein Teil Ihres Goldes noch unter dunklen Farben verborgen, blitzt hier und da aber bereits hervor? Nach dem Ausmalen können Sie die Linien noch zusätzlich mit einem feinen Goldfaserstift nachfahren oder ein paar kostbare persönliche Worte hineinschreiben.

Flache Darstellung von Gold (Element 79)   S. 147 ▶

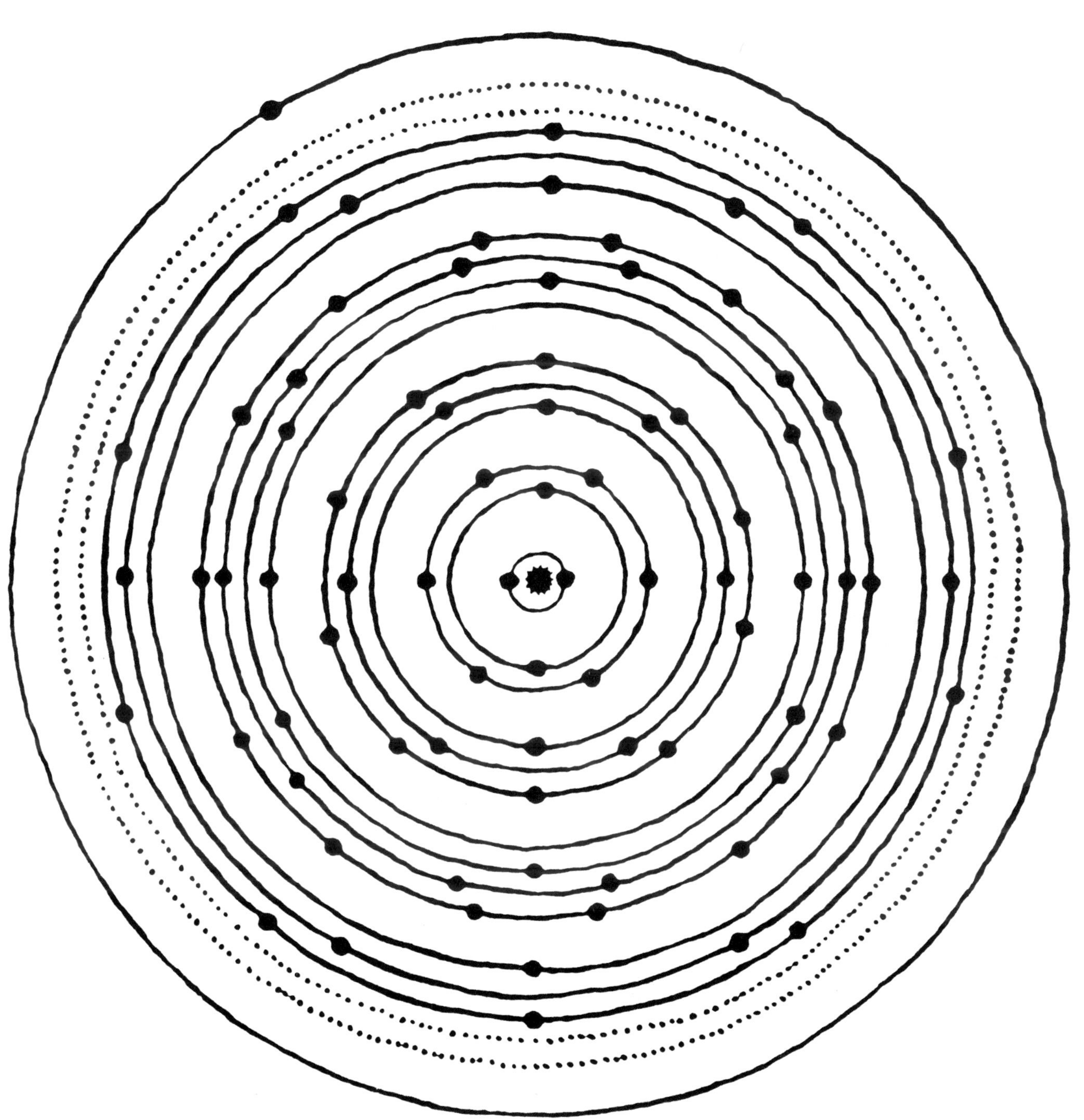

Rosette von Notre-Dame

Gott wirkt im Innersten von allem.

Thomas von Aquin

Das große Thema der gotischen Fensterrosen ist die Geburt des Lichts aus dem
Dunkel heraus. Mit einem Glanz, den wir sonst nur von Edelsteinen kennen, brechen
sie mit ihrer strahlenden Farbigkeit aus dem Dunkel hervor und geben ihr inneres
Licht frei. Fensterrosen erzählen von dem Geheimnis, inmitten von Dunkelheit ganz
von innen heraus zu leben und zu leuchten.
In jedem Menschen gibt es tief im Innern diese geheimnisvolle Kraft, die uns
erstrahlen lassen kann; durch alle düsteren Phasen hindurch erlöscht sie nicht.
Bricht sie durch, so erleben wir das wie eine Neugeburt und Gnade.

Rosette an der Nordfassade des Querschiffs,
Kathedrale Notre-Dame, Paris, um 1250   S. 149 ▶

Japanisches Familienwappen

Die Natur ist die große Ruhe gegenüber unserer Beweglichkeit. Darum wird sie der Mensch immer mehr lieben, je feiner und beweglicher er werden wird. Sie gibt ihm die großen Züge, die weiten Perspektiven und zugleich das Bild einer (bei aller unermüdlichen Entwicklung) erhabenen Gelassenheit.

Christian Morgenstern

Ein Mandala wie dieses beweist, dass weniger oft mehr ist. Die japanische Kunst hat eine hohe Fähigkeit entwickelt, sich auf das Wesentliche zu beschränken. In unserer reizüberfluteten Zeit tun uns gerade solche »reduzierten« Bilder gut. Unser Auge und unser Geist kommen darin zur Ruhe. Schönheit und Einfachheit sind gute Verbündete. Trotzdem vermittelt ein Motiv wie dieses durchaus Energie – gebündelt, konzentriert und gewinnend.

Nach einem japanischen Familienwappen (»mon«) der Familie Botan   S. 151 ▶

Scheibe von Bashikah

Wer nun sich selbst geschaut hat, wird sich dann, wenn er schaut, als jemanden schauen, der einfach geworden ist. Oder noch besser gesagt: Er wird einfach mit sich selbst verbunden sein und sich einfach fühlen ...
Er wird gleichsam ein anderer, er hört auf, er selbst zu sein, er gehört sich nicht mehr selbst an. Dort angekommen ist er aufgegangen in Gott und ist eins mit ihm geworden, wie ein Mittelpunkt, der mit einem anderen Mittelpunkt zusammenfällt.
Plotin

Einfachheit ist ein wunderbar schlichtes Rezept, um die Seele zu entlasten. Einfachheit ermöglicht Konzentration auf das Eigentliche und erzeugt damit eine große Stimmigkeit. Es ist eine alte Erfahrung, dass uns nach schwierigen und komplizierten Phasen im Leben das Einfache hoch willkommen ist und gut tut. Einfaches tröstet. »Jetzt wird es wieder einfacher« heißt dann so viel wie »jetzt wird wieder alles gut«.
Rechts ein schlichtes, überschaubares Mandala mit einfachen Motiven, das genau die Mitte trifft. Es tut Kindern wie Erwachsenen gut, die mit Anstrengendem belastet sind.

Glasierter Ziegel, assyrisch,
Bashikah, Mesopotamien, um 700 v. Chr.   S. 153 ▶

Drei doppelköpfige Drachen

Wie du am Anfang warst,
als die gute Welt entstand,
so sei mir zugewandt jeden Tag.

Wie du am Anfang warst,
als mein Weg begann,
so sei bei mir jede Meile.

Wie du am Anfang warst,
als du meine Seele formtest,
so halte mich in deinen Händen
bis an mein Ende.

Aus Irland

Das alte mythologische Motiv der Drachenwelt verkörpert die Erfahrung des Chaotischen im Menschen. Der »innere Drache« schläft oft lange in der Finsternis, kann aber plötzlich hervorbrechen und das seelische Gleichgewicht des Menschen gefährlich bedrohen.
Die Flechtbänder in diesem Mandala bändigen die drei doppelköpfigen Chaos-Drachen. Im Licht des Bewusstseins werden auch die entfesselten dunklen und chaotischen Kräfte bezwungen. Der Drache wird durch die zentrale, symmetrische Ordnung des Sonnenkreises »besiegt« und integriert.

Keltische Illustration aus dem »Book of Kells«,
Trinity College Library, Dublin, Irland, Anfang 9. Jahrhundert   S. 155 ▶

Vier Jahreszeiten

Alles, was die Kraft der Welt tut, vollzieht sich in einem Kreis. Der Himmel ist rund, und ich habe gehört, dass die Erde wie eine Kugel rund ist, und so sind alle Sterne. Der Wind, wenn er seine höchste Macht entfaltet, bildet Wirbel. Die Vögel bauen sich runde Nester, denn ihre Religion ist die gleiche wie die unsrige. Die Sonne kommt hervor und geht wieder in einem Kreise nieder. Der Mond tut dasselbe, und beide sind rund. Selbst die Jahreszeiten bilden ihren wechselnden Gang in einem großen Kreis und kehren immer dorthin zurück, von wo sie gekommen. Eines Menschen Leben ist ein Kreis von Kindheit zu Kindheit, und so verhält es sich mit allem, darin Kraft sich regt. Unsere Tipis waren rund wie Vogelnester, und diese wurden stets in einem Kreise angelegt, dem Ring des Volkes, einem Nest von vielen Nestern, wo der Große Geist wollte, dass wir unsere Kinder hegen.

Schwarzer Hirsch

Die vier Jahreszeiten bilden das große Natur-Mandala, in dem die Schöpfung ihren großen Kreislauf vollzieht. Jede Jahreszeit geht aus der vorigen hervor und lebt in der folgenden weiter. Die vier Jahreszeiten sind großartige spirituelle Lehrer. Wer den Wechsel von Werden und Vergehen in der Natur meditiert, lernt auch, mit diesen Prozessen im eigenen Leben bewusster umzugehen. Er nimmt sich selbst wahr als zu einem Kreis gehörend, in dem nichts verloren geht und immer wieder Kraft sich regt.

Mit diesem indianischen Mandala können Sie auch andere Vierfach-Erfahrungen ausdrücken: vier verschiedene Tageszeiten, vier unterschiedliche Phasen in Ihrem Leben, vier verschiedene Aspekte einer Sache, vier verschiedene Seiten Ihrer Persönlichkeit ...

Indianisches Symbol der vier Jahreszeiten, Nordamerika   S. 157 ▶

Indische Mandorla

Mitte aller Mitten, Kern der Kerne,
Mandel, die sich einschließt und versüßt, –
dieses Alles bis an alle Sterne
ist dein Fruchtfleisch: Sei gegrüßt.
Rainer Maria Rilke

Ein fließender Strahlenkranz oder Heiligenschein in Mandelform wird »Mandorla«
genannt. Im süßen Kern liegt das köstliche Geheimnis der Mandel verborgen, gut
umhüllt und geschützt durch feste Schalen.
Zugleich bezeichnet die Mandorla einen Kreis, der ein Oben und ein Unten hat. Viele alte Darstellungen von Christus als Weltenherrscher zeigen ihn in einer Mandorla,
um das Symbol vom allumfassenden Erdkreis zu verbinden mit der Entsprechung
»wie im Himmel, so auf Erden«.
Wer diese Mandorla betrachtet oder ausmalt, wird empfinden, wie sie sich gleichsam dem Himmel und der Erde entgegenstreckt. In der Mitte entdeckt man den
eigenen süßen Kern, die eigene Zartheit und die eigene Sehnsucht: hier dargestellt
durch eine einzigartige Lotusblüte, die alle umgebenden Blüten an Größe und
Schönheit übertrifft.

Indische Mandorla auf einem Buchumschlag, Lackmalerei,
India House, London, 18. Jahrhundert   S. 159 ▶

Stern von Arabien

Gleichwie in den Stückchen eines zerbrochenen Spiegels die eine Form reflektiert wird, so wird die Schönheit der wirklichen Einheit des Seins in den offenkundig verschiedenen Ebenen des Daseins gespiegelt.

Arabische Weisheit

Selbst so einfache Mandalas wie dieses vermitteln ein neues Gespür für die innere Zusammengehörigkeit vieler einzelner Teile. Je länger der Blick darauf verweilt, desto mehr kann man durch die Vielfalt der einzelnen Dreiecke und Vierecke hindurch die Einheit darin und dahinter wahrnehmen.
Ein Mandala, das seine Energie ganz von der inneren Einheit bezieht und sie sehr harmonisch nach außen freisetzt.

Mystisches Diagramm zur Steigerung der Kontemplation, arabisch   S. 161 ▶

Dämon

Der große Maler Salvador Dali wurde einmal gefragt, welches Kunstwerk aus dem Louvre er bei einem Brand als erstes retten würde.
Seine Antwort war: »Das Feuer.«

Nach einem Radiobericht

Da Mandalas die ganze Wirklichkeit umfassen, schließen sie auch die dunklen Anteile ein. Dieser Dämon wurde in den Kreis gebannt; nun wird seine destruktive Kraft sichtbar, gleichzeitig aber auch begrenzt und ausgehalten. Vielleicht können Sie beim Malen diesem Dämon Ihre eigenen feurigen Energien zuordnen, wie etwa Widerspruchsgeist, Kritik, Streitlust, Aggressivität, Zorn, usw.
Die indianischen wie tibetischen Sand-Mandalas wurden übrigens nach ihrer Fertigstellung zerstört, weil man davon ausging, dass der Gehalt des Mandala vollständig ins Innere seines Gestalters übergegangen war. Zerstörung ist in diesem Fall ein sinnvolles Loslassen und unterstreicht das »Visionäre« und Geistige bei der Beschäftigung mit Mandalas.
Wenn Sie wollen, können Sie Ihr fertiges Mandala verbrennen und beobachten, wie sich das Feuer von der Mitte bis an den Rand frisst. Das »zerstörte« Mandala wird gewiss in Ihrem Gedächtnis bleiben.

Dämon in Schlangenform, Lateinamerika   S. 163 ▶

Christusmonogramm

Das Zentrum der Seele ist Gott. Wenn sie ihn liebt mit allen Fasern ihres Seins, mit der ganzen Kraft ihres Tuns und Wünschens, gelangt sie zu ihrer tiefsten Mitte.
Johannes vom Kreuz

Das Christusmonogramm rechts setzt sich zusammen aus den Buchstaben I und X, den griechischen Anfangsbuchstaben für Jesus Christus. In einen Kreis gesetzt, wird es als Rad mit sechs Speichen zu einem kosmischen Sonnensymbol: Christus selbst ist die unbesiegte Sonne (sol invictus), die durch die Passion (das Kreuz) hindurch gewandert ist und dem ganzen Weltenkreis das Licht gebracht hat.
Lassen Sie beim Malen die Ausstrahlung Christi vom Zentrum des Rades nach außen schwingen, und öffnen Sie sich dabei seinem Weg der selbstlosen Hingabe.

Kreuz und Christusmonogramm,
Mosaik in der Chora-Kirche (Kariye Camii), um 1320   S. 165 ▶

Shou aus Kyoto

Ein Mönch fragte den Meister: »Zeig mir den Weg ohne Worte.«
Spricht der Meister: »Frage mich ohne Worte!«
Zen-Geschichte

Ein sehr einfaches und symmetrisches Mandala wie das auf der rechten Seite
sammelt die Aufmerksamkeit. Es bündelt die Energie, holt sie aus der Zerstreuung
zurück. Gleichzeitig verlangt es, dass man sich seiner Linien genau bewusst wird.
Als Achtsamkeitsübung kann dieser japanische Scherenschnitt helfen, nur das
wahrzunehmen, was wirklich da ist.
Malend kann man mit diesem Mandala seine Gedanken und Gefühle ganz klar
beleuchten und von den Schatten falscher Vorstellungen loskommen.

Shou-Motiv, Scherenschnitt, Kyoto, Japan   S. 167 ▶

Schild von Khorsabad

Wenn es nur einmal so ganz stille wäre.
Wenn das Zufällige und Ungefähre
verstummte und das nachbarliche Lachen,
wenn das Geräusch, das meine Sinne machen,
mich nicht so sehr verhinderte am Wachen –:

Dann könnte ich in einem tausendfachen
Gedanken bis an deinen Rand dich denken
und dich besitzen (nur ein Lächeln lang),
um dich an alles Leben zu verschenken
wie einen Dank.

Rainer Maria Rilke

Mandalas sind »Schilder der Stille« gegen den Lärm und den Stress unseres Alltags.
Kreis für Kreis kann man sich abschirmen und ein Schutzschild schaffen gegen
zu viel Ansturm und Trubel von außen und auch von innen. Durch konzentrierte
Stille schult das Mandala unsere geistige Abwehrkraft und weckt eine gesunde spirituelle »Kriegerenergie«. Kennzeichnend dafür ist eine besondere Art von Wachsam-
keit, die mit großer Klarheit und Sicherheit einhergeht.
Gestalten Sie dieses Mandala je nach Bedürfnis in weichen Farbtönen, die Sie
abschirmen, oder mit klaren, starken Farben, die Ihrer inneren »Kriegerenergie«
entsprechen.

Assyrisch-persisches Dekor auf einem königlichen Bronzeschild, Khorsabad, Irak,
vermutlich 9. Jahrhundert v. Chr.   S. 169 ▶

Quilt aus Hawaii

Was da lebte,
was aus engem Kreise
auf ins Weiteste strebte,
sanft und leise
sank es in sich selbst zurück
und quillt auf in unbewusstem Glück.

Friedrich Hebbel

Etwa 18 Millionen Jahre ist die Vulkaninselgruppe Hawaii alt. Nur alle 70 000 Jahre
kam, mit Hilfe des Windes oder von Vögeln über das Meer getragen, eine neue
Pflanzenart auf die Lavainseln. Durch Mutation und fehlende Feinde ließ die Natur
unzählige neue Arten entstehen, die nirgendwo sonst auf der Erde zu finden sind.
Auf Hawaii, heißt es, »singen« die Blumen; zumindest explodieren sie in lichterfüll-
ten Farben, exotischen Formen und verlockenden Düften.
Mit diesem hawaiianischen Mandala kann man den Reichtum schöpferischen
Wirkens meditieren, das sich in unvorstellbarer Gelassenheit über Jahrtausende
hinweg vollzog.

»Exotische Blüte«, Baumwollquilt, Hawaii, USA, um 1930   S. 171 ▶

Tibetisches Mandala

Außen ist die Tasse weiß.
Innen ist die Milch weiß.
Inmitten das eigene Herz ist weiß.
Vereint sind die drei Weißen ein gutes Omen.

Wenn ich erzählen soll, ob die Gedanken rein sind,
so sage ich, sie sind wie Milch in der Tasse.
Wenn ich sagen soll, ob das wissende Herz im Einklang ist,
so sage ich, es ist wie der kleine Schlüssel zu dem kleinen Kästchen.
Aus Tibet

Dieses tibetische Mandala verkörpert den kosmischen Plan in der Struktur eines gut befestigten, himmlischen Palastes. Vier Eingänge oder Palasttore umgeben den inneren Lotus, den Wohnsitz der Gottheit. In diesem Zentrum wohnen Reinheit und Weisheit. Nach tibetischer Vorstellung befindet man sich mit seinem Eintritt in das Mandala »jenseits der Zeit«. Die systematische Struktur dieses Mandala-Typs stellt eine umfassende Ordnung her, die stark genug ist, sich gegen dunkle, zerstörerische Kräfte zu behaupten und Gegensätze auszuhalten.
Man kann das beim Ausmalen dadurch unterstreichen, dass man gegenüberliegende Felder farblich stark kontrastiert und das Zentrum hell gestaltet.

Tibetisches Mandala in Form eines himmlischen Palastes,
19. Jahrhundert   S. 173 ▶

Im Namen der Rose

Die rote Rose gehört zu den Herrlichkeiten Allahs.
Wer seine Herrlichkeit schauen will, der schaue auf die rote Rose.
Mohammed

Die viel geliebte Königin der Blumen ist auch ein altes mystisches Symbol. Ihre
Anmut und Schönheit, ihr Formenreichtum, ihr intensiver Duft, die Fülle ihrer
Blütenblätter, die ein geheimnisvolles Inneres umschließen, verleihen der Rose einen
Zauber, dem sich kaum jemand entziehen kann. Die Blume, die zum Glück der Liebe
gehört, trägt aber auch Dornen und schließt damit auch leidvolle Erfahrungen in die
Erfüllung der Liebe ein. So wird sie zum Lebensgleichnis für viele Mystiker, deren
Liebe zu Gott und den Menschen durch schmerzliche Erfahrungen nicht zerstört
wurde, sondern eher noch gereift ist.
Dieses Mandala erhebt die Rosenblüte zum Gleichnis für das »summum bonum«, das
höchste Gut, die Herrlichkeit Gottes, die sich in uns und um uns entfaltet.

Robert Fludd, Summum Bonum (»Das höchste Gut«), 1629   S. 175 ▶

Tonscheibe der Anasasi

Wir rufen die Erde, unseren Heimatplaneten,
wir rufen die Berge, die Gipfel der Stille,
wir rufen die Wasser, die die Erde durchfließen,
und bitten: Lehrt uns und zeigt uns den Weg.
Wir rufen das Land, auf dem unsere Nahrung wächst,
wir rufen die Wälder, die sich bis zum Himmel erstrecken,
wir rufen die Tiere der Prärie, die wie wir hier zu Hause sind,
und bitten: Lehrt uns und zeigt uns den Weg.
Wir rufen alle, die hier auf dieser Erde gelebt haben,
wir rufen alle, die wir lieben,
wir rufen den Großen Geist, der durch das ganze Universum fließt,
und bitten: Lehrt uns und zeigt uns den Weg.

Gebet der Chinook-Indianer

Die Weisheit der Indianer wächst aus der Fähigkeit, sich als Teil eines wohlwollenden Ganzen zu empfinden. So können sie sich geschwisterlich mit den Kräften verbünden, die sich in der Schöpfung entfalten. Sie sind offen für sichtbare wie unsichtbare Verbindungen, die zwischen allen Bereichen der Natur existieren, und nutzen das als eine besondere Quelle der Kraft. So entwickelt sich auch ein sicherer Instinkt für den eigenen einzigartigen Weg im Leben.

Indianische Töpferware, New Mexico, USA   S. 177 ▶

Apsis von Bourges

Gott ist allezeit bereit,
aber wir sind sehr unbereit;
Gott ist uns nahe,
aber wir sind ihm ferne;
Gott ist drinnen,
wir sind draußen;
Gott ist in uns heimisch,
wir sind in der Fremde.

Meister Eckhart

Jede Kathedrale thematisiert das Begriffspaar »drinnen« und »draußen«. Durch die künstliche Verdoppelung der halbkreisförmigen, abschließenden Halle des Kirchenschiffs entsteht der Grundriss eines Gebäudes, das ganz auf die Mitte zuläuft. Jede Bewegung auf die Mitte zu ist ein Schritt nach innen.
Lassen Sie bei der Beschäftigung mit diesem Mandala vor Ihrem geistigen Auge die Mauern über dem Grundriss entstehen. Stellen Sie sich die Kuppel vor, die sich zwischen den Säulen über den einzelnen Bögen wölbt, und zeichnen Sie die Farben, die sich durch das Spiel des Lichts in diesem Raum ergeben. Sie werden merken, wie Sie am Anfang als Baumeister gleichsam über dem Papier schweben. Am Ende werden Sie sich in der Mitte des Fußbodens wieder finden und die Schönheit Ihrer eigenen Kathedrale bewundern.

Mandala, entwickelt aus dem gespiegelten Grundriss der Apsis der Kathedrale von Bourges, Frankreich, 1194 – 1260   S. 179 ▶

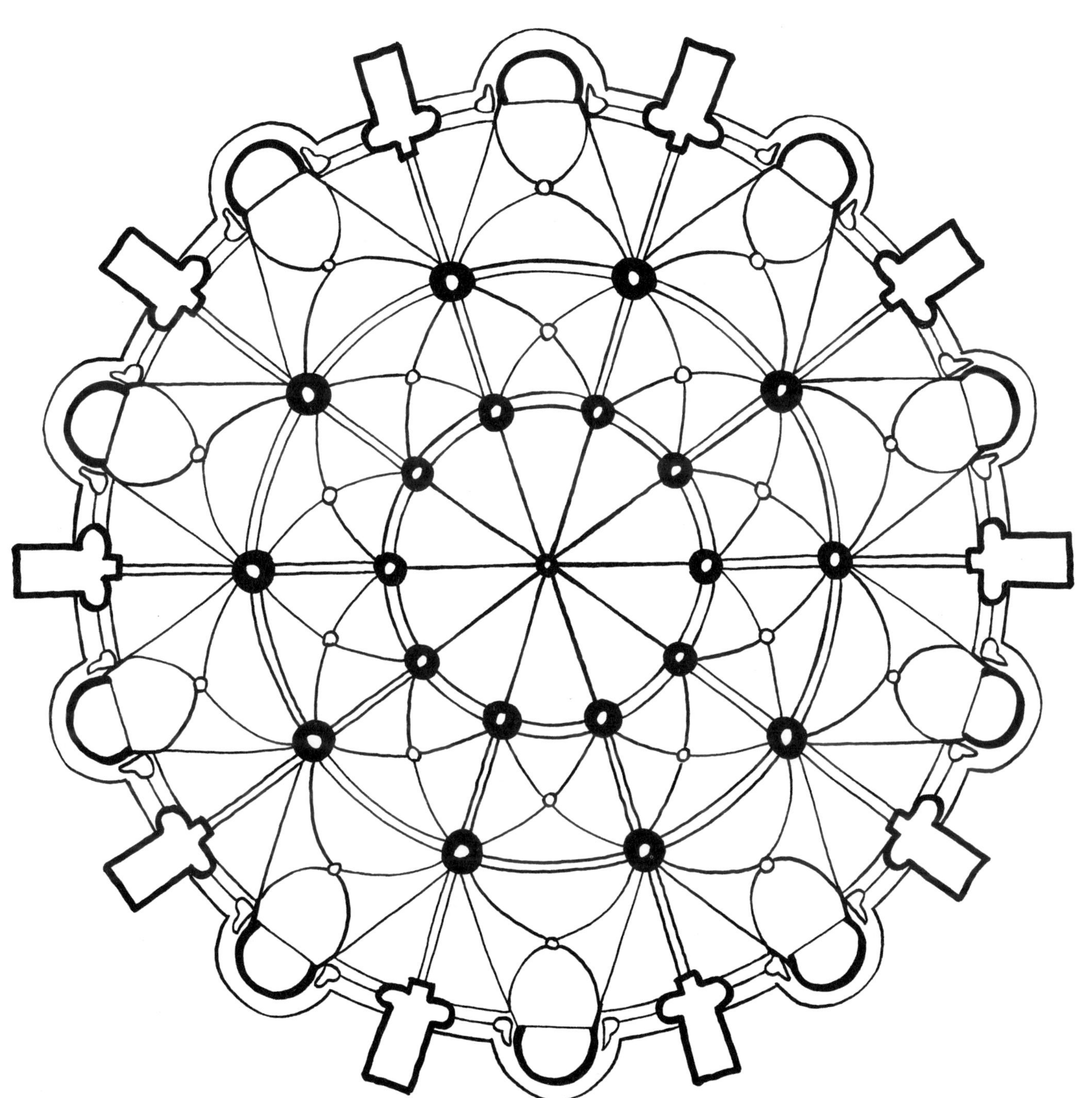

Tonplatte aus Assur

Ton wird geformt und gehöhlt zum Topf.
Was nicht da ist, macht den Topf brauchbar.
Fenster und Türen bricht man heraus beim Bau des Zimmers.
Was nicht da ist, macht das Zimmer brauchbar.
Zieh also deinen Vorteil aus dem, was ist,
indem du Gebrauch machst von dem, was nicht ist.
Tao-te-king

Dieser rund 3 000 Jahre alten Tonplatte fehlt im Original ein Stück, eine ganze
Ecke des Fundstückes ist weggebrochen. (Sie wurde nur auf dem Papier für dieses
Mandala-Motiv ergänzt.) Trotzdem hatte man beim Betrachten der abgebrochenen
Tafel den Eindruck von Ganzheit. Unser inneres Auge sieht das, was nicht ist, gleich
mit, wenn die anderen Elemente genügend Hinweise darauf liefern. Was nicht ist,
fehlt also nicht unbedingt, sondern kann »verborgen« wahrgenommen werden. Was
nicht ist, schafft so vielleicht sogar mehr Raum für schöpferisches Wahrnehmen.
Was nicht ist, ermöglicht am Ende mehr Bewusstsein für Ganzheit.
Lassen Sie doch so viel weg beim Ausmalen, wie Sie nur wollen. Die weißen
Flächen Ihres Mandala werden zu sprechen beginnen!

Gebrannte Tonplatte, Assur, Irak, 9. Jahrhundert v. Chr.   S. 181 ▶

Labyrinth von St. Quentin

Auch die längste Reise
beginnt mit einem Schritt.
Fürchte dich nicht
vor dem langsamen Vorwärtsgehen,
fürchte dich nur
vor dem Stehenbleiben.

Aus China

Wie in vielen Märchen kann man sich bei diesem Labyrinth zwischen drei Möglichkeiten entscheiden, die zum Ziel führen können. Der äußere Umgang öffnet sich dreimal. Von jedem dieser Punkte aus kann man den rechten Weg zur Mitte suchen. Der »eigentliche« Weg ist, wie Sie schnell merken werden, mit der schwarzen Linie gegeben. Während Sie mit den Farben vorwärts dringen, gestalten Sie die Erfahrungen auf beiden Seiten des inneren Weges. Sie können die Farben fein abgestuft ineinander laufen lassen oder für jeden neuen Schritt oder neuen Gedanken auf dem Weg eine neue kontrastreiche Farbe setzen. Experimentieren Sie mit kurzen und langen Farbstrecken, und vertrauen Sie dabei Ihrer schöpferischen Freiheit, die »wie von allein« neue kreative Wege findet.

Fußbodenlabyrinth in der Kathedrale von St. Quentin, Frankreich   S. 183 ▶

St. Vigeans Knoten

*Herr, segne den ersten Tag und den
  letzten.*
*Segne die Stunden, die mir vergönnt
  sind.*
*Meine Hände sollen segnen,
was sie anfassen.*
*Meine Ohren sollen segnen,
was sie hören.*
*Meine Augen sollen segnen,
was ihnen begegnet.*

Segen komme von meinen Lippen.
*Mein Nachbar sei gesegnet;
er möge auch mich segnen!*
*Herr, lass mich nicht aus deinen Augen,
deinen Händen, deinen Ohren, deinem
  Herz.*
*An diesem Tag und alle Tage dieses
  Jahres.*

Aus Irland

Für die Kelten war der Stein der »Leib« der Erde und damit eine machtvolle körperhafte Größe. Dieser verschlungene Knoten auf Stein entstand darum in Anlehnung an eine Körpererfahrung: Die in Ehrfurcht verschlungenen, miteinander gekreuzten Arme sind eine uralte Gebetsgeste. Sie zentriert uns, führt uns zu uns selbst zurück und mobilisiert die innere Kraft, die im Bild des starken Knotens zum Ausdruck kommt. Diese lebendige und zugleich bindungsfähige Kraft wird als Segen erlebt und weitergegeben.

Verfolgen Sie beim Malen, wie durch dieses Mandala die eigenen Kräfte von Körper, Seele und Geist wohltuend miteinander verflochten werden.

Keltisches Kreisornament auf dem Fuß des Steinkreuzes im Kirchhof von St. Vigean, Angusshire, Schottland   S. 185 ▶

Japanischer Scherenschnitt

Ehre sei Gott für gesprenkelte Dinge –
für Himmel, zweifarbig wie eine gefleckte Kuh;
für rosige Male, hingetüpfelt alle auf schwimmender Forelle;
Kastanienfall wie frische Feuerkohlen; Finkenflügel;
Flur, gestückt und in Flicken – Feldrain, Brache und Acker;
und alle Gewerbe, ihr Gewand und Geschirr und Gerät.
Alle Dinge, verquer, ureigen, selten, wunderlich;
was immer veränderlich ist, scheckig (wer weiß, wie?);
schnell, langsam; süß, sauer; blitzend, trüb;
was er erzeugt, dessen Schönheit wandellos ist:
Ehre sei ihm.

Gerard Manley Hopkins

Eine ganze Menge Stückwerk aus vielen kleinen Punkten, länglichen Feldern und
seltsam geformten Flecken breitet sich hier vor dem Auge des Betrachters aus.
Und doch haben wir keine Mühe, im Vielerlei das Ganze zu entdecken. Das Ganze
hat immer Platz für wunderliche Formen und Spielarten, seine Schönheit beruht
eigentlich erst auf dieser grandiosen Fähigkeit zur Integration.
Wo es uns gelingt, das kleine Detail zu achten und trotzdem aufs Ganze zu gehen,
wächst aus der Mitte etwas völlig Neues, wie hier die prächtige Blüte im Blätter-
kranz.

Blüte, japanischer Scherenschnitt, 19. Jahrhundert   S. 187 ▶

Gotländisches Wirbelrad

Heimat in sich haben! Wie wäre das Leben anders!
Es hätte eine Mitte, und von der Mitte aus schwängen alle Kräfte.
So aber hat mein Leben keine Mitte,
sondern schwebt zuckend
zwischen vielen Reihen und Polen und Gegenpolen.
Hermann Hesse

Es gibt Vermutungen, dass Wirbel wie bei diesem Motiv Planeten darstellen, die in einem Reigen um die Sonne kreisen. Die Spiralbewegung ist ein zentrales Element kultischer Tänze, bei denen gegensätzliche Pole wie Leben und Tod, Werden und Vergehen ausgedrückt werden.
Nehmen Sie dieses Mandala als Aufforderung zu einem kosmischen Tanz um die ruhende Mitte. Genießen Sie beim Malen Ihren eigenen Rhythmus und den Wechsel von schnell und langsam, innen und außen, Kommen und Gehen, Drehen und Ruhen.

Kultstein mit Sonnenmotiv aus Gotland, Schweden, vorchristliche Zeit   S. 189 ▶

Japanische Lackblume

Die Blumen fallen.
Nur Ruhe herrscht
in der Menschenseele.

Japanisches Haiku

Die Kunst, Gegenstände mit einer Oberfläche aus Lack zu versehen, gibt es seit
3 000 Jahren. In Asien hat man es dabei zur Meisterschaft gebracht. Viele dünne
Schichten werden so übereinander aufgetragen, dass eine hochglänzende Oberfläche
entsteht. Sie reflektiert sehr gut Licht, obwohl sie selbst dunkel gefärbt ist. Lack-
schreine oder -schatullen werfen noch im Halbdunkel oder bei wenig Kerzenschein
Licht zurück. Das verleiht den Objekten etwas Geheimnisvolles, Mystisches.
Vielleicht wollen Sie es den Japanern nachmachen? Dann verwenden Sie Schwarz,
Rot, Gold oder Silber bei Ihrem Mandala und überziehen es anschließend mit Lack.

Deckeldekor einer japanischen Lackschatulle   S. 191 ▶

Königreich der Liebe

Das Auge, in dem ich Gott sehe, das ist dasselbe, darin mich Gott sieht. Mein Auge und Gottes Auge, das ist ein Auge und ein Sehen und ein Erkennen und ein Lieben.
Meister Eckhart

Das bekannteste christliche Symbol für die göttliche Trinität ist das Dreieck. Es wird oft als Auge gestaltet, das alles sieht. Damit ist aber keine totale Überwachung gemeint, sondern die alle Wesen liebevoll umfassende »königliche« Schau der Dinge. Ein solches Sehen ist kein göttliches Monopol, sondern ein Ziel, zu dem viele Mystiker in West und Ost tatsächlich gelangt sind. Der Apostel Paulus hat dafür ein schönes Bild gefunden: Er wünscht allen Gottsuchern »erleuchtete Augen des Herzens«. Er meint damit ein liebevolles Erfassen von Wirklichkeit, das bis in die Tiefe führt. Wer so mit dem Herzen die »Augen seiner Augen« öffnet, ist warmherzig, klarsichtig und von tiefer Verbundenheit mit allem geprägt.

Die Residenz der göttlichen Trinität, das »Königreich der Liebe« (Jakob Böhme), Deutschland, 17. Jahrhundert   S. 193 ▶

HO
LV
IE
M
U
1
2
3
4
5
6
7

Hindulotus

*Der höchste Mensch gebraucht sein Herz wie einen Spiegel. Er geht den Dingen
nicht nach und geht ihnen nicht entgegen; er spiegelt sie wider, aber hält sie nicht
fest. Darum kann er die Welt überwinden und wird nicht verwundet. Er ist nicht der
Sklave seines Ruhms; er hegt nicht Pläne; er gibt sich nicht ab mit Geschäften;
er ist nicht Herr des Erkennens. Er beachtet das Kleinste und ist doch unerschöpflich
und weilt jenseits des Ich. Bis aufs Letzte nimmt er entgegen, was der Himmel
spendet, und hat doch, als hätte er nichts. Er bleibt demütig.*
Tschuang-tse

Bei der Geburt des Prinzen Siddhartha öffnete sich eine Lotusblüte, und der spätere
Buddha trat in ihre Mitte, um die acht Richtungen des Horizonts zu überschauen.
Darüber hinaus schaute er in die Höhe und in die Tiefe. So gewann er eine
umfassende seelische Weltorientierung, bei der Denken, Fühlen, Intuition und
Empfinden integriert sind.
Diese symbolische Geste des ordnenden Schauens kann man mit diesem Mandala
nachvollziehen.

Lotusblüte, Basaltornament, Indien, 7. Jahrhundert v. Chr.   S. 195 ▶

Schottisches Kreuz

Tiefer Friede, eine sanfte weiße Taube dir
tiefer Friede, ein stiller Regen dir
tiefer Friede, eine flutende Woge dir
tiefer Friede, roter Wind des Ostens dir
tiefer Friede, grauer Wind des Westens dir
tiefer Friede, dunkler Wind des Nordens dir
tiefer Friede, blauer Wind des Südens dir
tiefer Friede, reines Rot der Flamme dir
tiefer Friede, reines Weiß des Mondes dir
tiefer Friede, reines Grün der Gräser dir
tiefer Friede, reines Braun der Erde dir
tiefer Friede, reines Grau des Taues dir
tiefer Friede, reines Blau des Himmels dir
tiefer Friede der Sternenherde dir.
Im Namen der Drei, die Eins sind,
und beim Willen des Herrschers der
* Elemente,*
tiefer Friede, tiefer Friede!

Fiona Macleod, Anrufung des Friedens (gekürzt)

Das labyrinthartige Geflecht in der quadratischen Mitte dieses schottischen Kreuzes ist vermutlich ein Sonnenrhombus, das Christus repräsentiert. Aufgang und Untergang der Sonne waren mythische Bilder, um Leben und Tod zu erfassen. Für die Kelten waren das alte Sonnensymbol und das neue Christussymbol eins geworden. Wie außen bei den runden Spiralen zeigen auch die inneren eckigen Windungen im Wechsel Linksdrehungen (Todesweg) und Rechtsdrehungen (Lebensweg). Das Kreuz vereint beide Erfahrungen und führt so zu einem versöhnten, friedvollen Blick auf das Ganze.

Zentralstück eines keltischen Steinkreuzes auf der Insel Inchbrayoe, Schottland   S. 197 ▶

Anfang und Ende

Das ist der glücklichste Mensch,
der das Ende seines Lebens mit dem Anfang
in Verbindung setzen kann.

Johann Wolfgang von Goethe

Die uralte Frage nach der Beziehung zwischen Anfang und Ende ist das innere
Thema dieses Ornaments, und es gibt eine Antwort: die Endlosigkeit. Das Leben als
unendliches, verschlungenes Band und unser eigenes Leben als ein Teil davon, der
dadurch zugleich Anteil hat am Ganzen.
Beim Ausmalen und Hineingehen in die Form werden Sie bemerken, dass es zwei
Bänder sind, die da ineinander verwoben sind. So ist auch unser Dasein immer
verknüpft mit anderen, mit unseren Vorfahren und Nachkommen, mit unseren
Gedanken und Taten. Dabei umschließen die Bänder zwei Ringe, Urbilder für die
äußere und die innere Welt. Alles ist untrennbar miteinander verknüpft. Aus allem
entsteht eine kunstvolle, erlebbare Einheit, das Geheimnis und Ziel aller Mandalas.

Mandala nach einem Ornament in St. Sebald, Nürnberg, Mittelalter   S. 199 ▶

Register

Mandalas nach Motiven

Mandalas nach Epochen und Kulturkreisen

S. 74/75 Labyrinth von Lucca, S. 80/81 Mailänder Rosette, S. 90/91 Elisabethanisches Ornament, S. 122/123 Drei Blätter, S. 130/131 Granada, S. 140/141 Rosette von Chartres, S. 148/149 Rosette von Notre-Dame, S. 164/165 Christusmonogramm, S. 178/179 Apsis von Bourges, S. 198/199 Anfang und Ende

Neuzeit (ab 16. Jahrhundert)

S. 34/35 Stern der Quäker, S. 62/63 Die Federn der Würde, S. 86/87 Prismenstern, S. 88/89 Harmonische Entwicklung, S. 98/99 Die fünf Sinne, S. 100/101 Straßburger Stern, S. 106/107 Fenster von Soissons, S. 112/113 Die Sonne beider Welten, S. 132/133 Die Schlange, S. 146/147 Das Element Gold, S. 170/171 Quilt aus Hawaii, S. 174/175 Im Namen der Rose, S. 192/193 Königreich der Liebe

Mandalas für Kinder (bis etwa 10 Jahre)

S. 14/15 Mann im Labyrinth, S. 16/17 Chinesische Blüte, S. 20/21 Steinmetzzeichen, S. 24/25 Sonnenrad, S. 26/27 Flechtband, S. 36/37 Magdeburger Rosette, S. 40/41 Feuersonne, S. 50/51 Davidstern, S. 52/53 Acht Blätter des Glücks, S. 54/55 Robin Hoods Rennen, S. 56/57 Die vier Samen, S. 70/71 Reiher, S. 72/73 Rosette von Reims, S. 82/83 Männer und Frauen der Erde, S. 84/85 Lebenskraft, S. 92/93 Schmetterlinge, S. 104/105 Eierschale, S. 108/109 Vierfacher Knoten, S. 116/117 Theobalds Labyrinth, S. 120/121 Ashanti, S. 122/123 Drei Blätter, S. 130/131 Granada, S. 138/139 Der Palast der neun Wege, S. 142/143 Yorkshire-Labyrinth, S. 152/153 Scheibe von Bashikah, S. 160/161 Stern von Arabien, S. 180/181 Tonplatte aus Assur, S. 198/199 Anfang und Ende

Titel der Mandalas

Impressum

5. Auflage 1999
© 1998 W. Ludwig Buchverlag in der Südwest Verlag GmbH & Co. KG, München. Alle Rechte vorbehalten.
Nachdruck – auch auszugsweise – nur mit Genehmigung des Verlages.

Redaktion: Dr. Ruth Drost-Hüttl

Redaktionsleitung: Nina Andres

Produktion: Manfred Metzger

Einbandgestaltung und Grafisches Konzept: Manuela Hutschenreiter, München

DTP/Satz: DER BUCHMACHER Arthur Lenner, München

Printed in Slovenia

Gedruckt auf chlor- und säurearmem Papier

ISBN 3-7787-3673-6

Die Autoren
Marion Küstenmacher studierte evangelische Theologie und Germanistik. Anschließend arbeitete sie im Sachbuchlektorat des Piper Verlags, danach im Programmlektorat des Claudius Verlags mit dem Schwerpunkt »Neue Spiritualität«. Weiterbildung in Gestalttherapie, jungscher Tiefenpsychologie und systemischer Familientherapie. Seit 1989 arbeitet Marion Küstenmacher als Enneagrammtrainerin.

Werner Küstenmacher studierte evangelische Theologie. Nach einer journalistischen Zusatzausbildung arbeitete er von 1981 bis 1990 im Presseverband der Bayerischen Landeskirche als Leiter der Abteilung »Neue Medien« und gründete dort das Evangelische Fernsehen. Seit 1991 arbeitet er freiberuflich als Karikaturist und Buchautor. Seit 1995 moderiert er außerdem verschiedene kirchliche Sendungen in Sat. 1. Er hat bereits über 50 Bücher und Kalender veröffentlicht.